Étienne Keroyant
Florent

LA BANQUE DE FRANCE

Préface de
François Villeroy de Galhau
gouverneur de la Banque de France

Que sais-je?

À lire également en *Que sais-je ?*

COLLECTION FONDÉE PAR PAUL ANGOULVENT

Jean-Marc Daniel, *La Politique économique*, n° 720.
Frédéric Thiveaud, *La Caisse des dépôts*, n° 3835.
Christian de Boissieu, *Les 100 Mots de la politique monétaire*, n° 3969.
Nathalie Deguen, Bruno Moschetto, *L'Organisation monétaire européenne*, n° 4149.

ISBN 978-2-7154-2014-4
ISSN 0768-0066

Dépôt légal – 1re édition : 2024, janvier

170 *bis*, boulevard du Montparnasse, 75014 Paris

Préface

La Banque de France est une institution parfois méconnue, souvent mythifiée, mais toujours indispensable. Elle constitue l'une des « masses de granit » posées par Napoléon Bonaparte, au même titre que les préfets, les lycées ou le Code civil. Elle est à l'époque une société privée, mais dont les missions – établir la confiance dans la monnaie et garantir le bon financement de l'économie – sont déjà au service de l'intérêt général.

Il était sans aucun doute temps de réécrire ce « Que sais-je ? » sur la Banque de France : en 1996, lors de la dernière édition, le PIB français s'élevait à 1 232 milliards d'euros, soit deux fois moins qu'aujourd'hui, l'euro était encore en gestation, et les auteurs, Étienne Keroyant et Florent Nicol, étaient à peines nés !

Aujourd'hui, la Banque de France se déploie sur l'ensemble du territoire national, à travers ses cent cinq implantations, tout en participant activement aux travaux européens et internationaux. Elle s'est activement transformée et modernisée ces dernières années, restant néanmoins solide sur ses fondamentaux : émission de la monnaie fiduciaire, établissement de statistiques financières ou encore accompagnement des entreprises. Elle est engagée sur le climat, étant la banque centrale la plus verte du G20, et pour l'éducation économique et financière des Français. Elle est à la pointe de l'innovation financière, avec, par exemple, un projet de monnaie numérique de banque centrale (« l'euro numérique »), et accroît sans cesse son offre de services rendus à la collectivité, éducation financière ou médiation du crédit en tête, pour l'histoire la plus récente.

Le présent ouvrage se divise en sept chapitres : les trois premiers retracent l'histoire de la Banque de France depuis sa fondation en 1800, marquée par la prise progressive de son indépendance à l'égard du pouvoir politique, ainsi que par son intégration européenne ; le suivant présente les moyens qu'elle met en œuvre et la façon dont s'organise l'institution ; enfin, les trois derniers présentent ses grandes missions (les trois « S ») que sont la stratégie monétaire, la stabilité financière et les services à l'économie et à la société.

Je profite de cette tribune pour remercier les deux auteurs pour le travail qu'ils ont réalisé, lequel permet de faire connaître la Banque de France au grand public de manière synthétique, tout en restant pédagogique, ainsi que l'ensemble des services pour leur participation aux travaux. La plus grande richesse de la Banque reste avant tout ses agents, engagés jour après jour pour le service public.

Ce court texte inspirera, je l'espère, de futures carrières au sein de cette institution unique dans le paysage administratif français. Mais surtout, il contribuera à rapprocher encore la Banque de France de son public, c'est-à-dire de tous les citoyens.

par François Villeroy de Galhau,
gouverneur de la Banque de France

Introduction

La Banque de France est l'une des plus anciennes banques centrales au monde, après la Riksbank de Suède (1668) et la Bank of England (1694). Une banque centrale est une institution financière, généralement publique, chargée de conduire la politique monétaire d'un pays ou d'un territoire. L'une des caractéristiques principales de ces autorités monétaires est de détenir le privilège d'émission des billets de banque.

L'histoire de la Banque de France recoupe celle de la France, de sa vie économique et de sa monnaie depuis plus de deux cents ans. Au cours de cette période, ses missions ont pu varier, comme elles varient encore aujourd'hui par comparaison avec celles des autres banques centrales. Longtemps, son principal rôle a été de financer l'économie et de fournir l'État en liquidités. Elle a réussi à assurer la stabilité de la monnaie pendant près d'un siècle avec le franc germinal, avant que la Première Guerre mondiale ne l'oblige à intervenir davantage sur le marché des changes, puis que le Front populaire n'en modifie les organes de décision (chap. I).

La Seconde Guerre mondiale et la nationalisation de ce qui était jusqu'alors une société privée renouvellent les modes d'action et la légitimité de la Banque. Elle participe à la reconstruction économique, et accompagne les transformations de la société des « Trente Glorieuses », puis la stagflation des années 1980 (chap. II).

Les années 2000 et 2010 ont marqué un nouveau tournant, avec l'intégration de la Banque dans l'Eurosystème, en lien avec les autres banques centrales du continent et la nouvelle Banque centrale européenne, et, surtout, avec la mise en place de la monnaie unique, l'euro (chap. III). L'octroi d'un statut d'indépendance et les crises financières ont contribué dans le même temps à la mise en place de nouveaux outils permettant à la Banque de mener à bien ses trois missions : stratégie monétaire (chap. V), stabilité financière (chap. VI) et services à l'économie et à la société (chap. VII).

La Banque continue de se transformer à plusieurs niveaux, humain d'abord, avec un rajeunissement couplé à une réduction de ses effectifs de 25 % depuis 2015 (chap. IV), mais aussi avec une démarche d'innovation poussée, ayant conduit à la mise en place d'une *blockchain*, ou, encore en gestation, d'un euro numérique ou d'un « indicateur climat » pour les entreprises.

En ayant su faire face à de nombreux défis au cours des deux derniers siècles, la Banque de France a gagné la confiance des citoyens, et constitue plus que jamais une institution centrale dans la vie économique nationale.

Sigles et acronymes

ACPR	Autorité de contrôle prudentiel et de résolution
AMF	Autorité des marchés financiers
APP	Programme d'achat d'actifs (*Asset purchase program*)
BCE	Banque centrale européenne
CSF	Conseil de stabilité financière
FCC	Fichier central des chèques
FICP	Fichier des incidents de remboursement des crédits aux particuliers
FMI	Fonds monétaire international
HCSF	Haut Conseil de stabilité financière
IEDOM	Institut d'émission des départements d'outre-mer
IEOM	Institut d'émission d'outre-mer
LCB-FT	Lutte contre le blanchiment des capitaux et le financement du terrorisme
LTRO	Opérations de refinancement de long terme (*Long term refinancing operations*)
NBFI	Intermédiation financière non bancaire (*Non-bank financial intermediation*)
NGFS	Réseau des banques centrales et des superviseurs pour le verdissement du système financier (*Network for greening the financial system*)
PEPP	Programme d'achats d'urgence face à la pandémie (*Pandemic emergency purchase program*)
PSPP	Programme d'achats de titres du secteur public (*Public sector purchase program*)
SEBC	Système européen des banques centrales
SME	Système monétaire européen
SRM	Mécanisme de résolution unique (*Single resolution mechanism*)

SSM Mécanisme de surveillance unique (*Single supervisory mechanism*)

TARGET *Trans-european automated real-time gross settlement express transfer system*

TFUE Traité sur le fonctionnement de l'Union européenne

TIPS *Target instant payment settlement*

TLTRO Opérations ciblées de refinancement de long terme (*Targeted longer-term refinancing operations*)

UEM Union économique et monétaire

CHAPITRE PREMIER

Une banque privée au service de l'intérêt général (1800-1939)

Durant son premier siècle d'existence, la Banque de France, société anonyme détentrice de missions publiques, dispose d'une relative autonomie. En garantissant la stabilité du franc germinal, elle joue un rôle déterminant dans le bon fonctionnement du système financier du pays. La Première Guerre mondiale, puis les crises financières de l'entre-deux-guerres déstabilisent le régime monétaire international et conduisent la Banque à renouveler ses objectifs et ses modalités d'action face à une autorité politique de plus en plus interventionniste.

I. – Une clé de voûte dans la restructuration du système financier national

À sa création en 1800, la Banque de France est l'une des premières banques d'émission du monde. Dans la plupart des autres grands pays, l'institution équivalente ne date que de la seconde moitié du XIXe siècle, voire du XXe siècle. Elle a toutefois de prestigieuses devancières puisque la banque centrale de Suède (Sveriges Riksbank) est fondée comme établissement privé en 1656 avant de passer sous tutelle du Parlement en 1668, et que la Banque d'Angleterre est créée par le *Tunnage Act* en 1694.

La fondation de la Banque s'inscrit dans la volonté du Premier consul Napoléon Bonaparte, qui entend, plus encore que financer ses campagnes militaires, restructurer le système financier français et diffuser une unité monétaire unifiée et stable sur l'ensemble du territoire, tout en développant le crédit à l'industrie et au commerce grâce à l'abaissement du taux d'intérêt. Les décennies précédentes ont conduit à une méfiance durable des Français envers le papier-monnaie. L'expérience de John Law, entre 1716 et 1720, qui émit des billets en s'appuyant sur l'activité de la Compagnie des Indes, surestimant les richesses ainsi créées, se termina en banqueroute. Celle des assignats, sous la Révolution, émis par la caisse de l'Extraordinaire et gagés par la vente des biens de la Couronne et du clergé, entraîna une forte inflation à la suite d'un recours trop fréquent à la « planche à billets ».

La Banque est créée par un arrêté du 28 nivôse an VIII (18 janvier 1800). Pour mettre fin à la concurrence bancaire qui existe alors (cinq autres banques parisiennes émettant des billets de banque), la loi du 24 germinal an XI (14 avril 1803) lui confère le privilège temporaire d'émission des billets à Paris. Enfin, son statut et son fonctionnement sont fixés par une loi du 22 avril 1806 et un décret impérial du 16 janvier 1808. La Banque est créée comme une société par actions, financée par des actionnaires responsables des engagements de la société à hauteur de leur apport initial. Pour sa création, elle absorbe la Caisse des comptes courants, avec ses locaux et son personnel. Elle est donc formellement indépendante du pouvoir politique bien qu'elle lui reste subordonnée, comme le souhaitait l'empereur :

> La Banque n'appartient pas seulement aux actionnaires ; elle appartient aussi à l'État puisqu'il donne le privilège de battre monnaie. Je veux que la Banque

soit assez dans les mains du gouvernement et n'y soit pas trop (27 mars 1806).

À ses débuts, la Banque est organisée autour d'un conseil général : collège de banquiers, qui rend les décisions relatives à la conduite des opérations, à l'escompte, au personnel, etc. Le conseil général est au départ composé de quinze régents élus par l'assemblée générale, limitée aux deux cents plus importants actionnaires. Progressivement, la dimension publique des missions de la Banque justifie une évolution de sa structure : en 1803, les commerçants et industriels actionnaires obtiennent des postes de régents ; en 1806, les statuts sont révisés et la Banque doit désormais être dirigée par un gouverneur nommé par le chef de l'État et assisté de deux sous-gouverneurs. Ces trois nouveaux dirigeants représentent les intérêts de l'État, tout en étant liés aux intérêts des actionnaires puisqu'ils sont tenus de posséder des actions de la Banque. Le premier gouverneur se nomme Emmanuel Crétet.

Les statuts fondamentaux du 16 janvier 1808 codifient les textes antérieurs et prévoient la création dans certains départements de succursales dénommées « comptoirs d'escompte ». Chacun est dirigé par un directeur, nommé par l'empereur, et émet localement des billets de banque contre escompte des effets de commerce (voir *infra*, p. 16). Cette première tentative de créer des comptoirs, entre 1808 et 1810, avec des implantations à Rouen, Lyon et Lille, se solde par un échec : ils sont supprimés en 1817. Dans ces villes, des banques d'émission concurrentes émettent aussi, jusqu'en 1848, des billets libellés en francs. Les ouvertures reprendront toutefois sous la monarchie de Juillet et le Second Empire, avec des installations à Reims puis à Saint-Étienne en 1836 ; on dénombre 30 comptoirs en 1851, 57 en 1865, et 68 en 1867.

En 1873, une loi imposera à la Banque d'ouvrir avant 1877 une succursale par département.

Le capital initial est fixé à 30 millions de francs à verser en monnaie métallique. Bonaparte et ses proches figurent parmi les premiers souscripteurs. Ce capital sera ensuite régulièrement relevé : 45 millions de francs en 1803 ; 90 millions de francs en 1806.

II. – Une montée en puissance au cours du XIXe siècle

La Banque de France s'affirme progressivement comme une institution autonome au long du XIXe siècle. Elle développe tout à la fois ses activités, réussissant à conserver, puis à étendre son privilège d'émission, mais aussi son réseau, avec la création de nombreuses implantations sur tout le territoire. Les services se structurent : l'Inspection générale est créée en 1852 et s'illustrera particulièrement lors de la rocambolesque affaire Lamirande, qui voit le caissier de la succursale de Poitiers reconnu coupable d'avoir détourné 700 000 francs de l'époque (234 fois sa rémunération annuelle !), extradé du Canada où il s'était enfui.

1. **L'exercice du privilège d'émission des billets.** – La Banque hérite, dès 1803, d'un statut particulier qui résulte de l'octroi, par l'État d'un privilège d'émission des billets. Ce droit est exclusif en ce sens que seule la Banque est habilitée à émettre des billets libellés en francs sur l'ensemble d'un territoire donné. Octroyé pour quinze ans, le privilège est d'abord limité à Paris, avant d'être prorogé jusqu'en 1843 par la loi du 22 avril 1806, puis jusqu'en 1867 par la loi du 30 juin 1840. Dans le même temps, il est étendu à l'ensemble du territoire national à partir de 1848.

En effet, face au développement des banques départementales d'émissions autonomes, la Banque implante ses propres comptoirs d'escompte hors de Paris. La loi de 1840 marque la fin du mouvement de création de ces concurrentes et, en 1848, les neuf banques existantes sont absorbées par la Banque de France. À la suite de l'intégration de Nice et de la Savoie au territoire national en 1860, la Banque de Savoie est rachetée en 1865, aux dépens du Crédit mobilier des frères Pereire qui se voulait un concurrent crédible en tant que banque d'émission. Dès lors, l'unité d'émission est réalisée au profit de la Banque, soutenue par l'État et les principales forces économiques et politiques du Second Empire. À la même période, l'Angleterre connaît un mouvement d'élargissement progressif du monopole d'émission similaire : le *Peel's Act* de 1844 interdit la création de toute nouvelle banque d'émission en Angleterre (elles sont alors plusieurs centaines) et organise leur lente disparition jusqu'en 1921 au profit de la Bank of England.

Le renouvellement du privilège d'émission devient, à partir de la seconde moitié du XIXe siècle, l'objet de débats parlementaires importants. La loi du 9 juin 1857 proroge toutefois le privilège jusqu'en 1897, et celle du 17 novembre 1897 le proroge jusqu'en 1920 en échange de nombreux avantages pour l'État (voir *infra*, p. 19).

Le franc germinal

La loi du 24 germinal an XI est concomitante de la réforme monétaire des 7 et 17 germinal an XI (28 mars-7 avril 1803) qui a défini le franc (dit « germinal ») comme l'unité monétaire correspondant à une pièce métallique d'un poids déterminé d'argent (5 grammes au titre de 9/10e) ou d'or (322,58 milligrammes d'or à 9/10e). Un régime de double étalon, or et argent, est institué : chaque billet est convertible dans l'un ou l'autre métal, à un cours fixe, jusqu'en 1928. Cette monnaie métallique a cours légal, c'est-à-dire qu'un commerçant ne peut pas refuser d'être réglé avec ce moyen de paiement. Le billet émis par la Banque a, lui, cours libre, car les créanciers ne sont pas obligés de l'accepter. Il s'agit d'un simple effet de commerce de nature particulière, qui circule entre les commerçants pour des raisons de commodité.

La Banque détermine la politique à suivre en matière d'émission des billets. La diffusion du billet est d'abord très faible puisque la valeur des coupures, élevée par rapport aux salaires versés à l'époque, en limite l'utilisation. Les coupures disponibles s'élèvent en effet d'abord à 500 francs, soit l'équivalent du salaire annuel d'un ouvrier, puis à 200 francs en 1847 et à 100 francs en 1848. La valeur des coupures descend jusqu'à 5 francs en 1871, ce qui démocratise véritablement leur usage, renforcé par la confiance qu'inspire la Banque après soixante-dix ans d'histoire. Le billet de banque s'impose donc progressivement dans la circulation monétaire.

La loi du 12 août 1870 marque un tournant dans le déploiement des billets puisqu'elle leur octroie un cours légal parallèlement à la monnaie métallique. Ce statut, confirmé par les lois successives, est un avantage considérable pour le billet qui accroît sa part dans la masse monétaire au détriment des espèces métalliques, malgré l'accroissement de la monnaie scripturale (comme les chèques, introduits dès 1865, ou bien les lettres de change). En contrepartie, l'État fixe un plafond d'émission des billets (par exemple, 6,8 milliards de francs en 1911).

Le volume d'émission des billets est réglé en fonction de l'obligation de la Banque de devoir faire face, à tout moment, à ses engagements, c'est-à-dire de pouvoir restituer la valeur faciale du billet en monnaie métallique à un porteur qui le demanderait. Aucune loi n'imposant à la Banque une proportion à respecter entre la circulation des billets et sa couverture métallique, celle-ci va forger sa doctrine et son action monétaire en fonction des circonstances. Dès 1800, il a été estimé que la proportion de l'encaisse, c'est-à-dire des fonds en monnaie métallique disponibles dans les coffres de la Banque, ne devait pas descendre en dessous du tiers du montant des billets en circulation.

De 1850 à 1865, la défense de l'encaisse est assurée par l'augmentation ponctuelle du taux d'escompte, jusqu'à 10 % en 1857. L'objectif est de diminuer la circulation des billets et d'organiser le reflux des espèces métalliques vers la Banque. Cette action est contestée par le pouvoir politique qui craint qu'elle ne soit défavorable au financement des activités et à la croissance. À partir de 1865, le taux d'escompte est stabilisé à un niveau modéré, ce qui permet de stimuler le développement économique. Cette conduite, qui s'oppose à celle de la Bank of England et des autres grandes places étrangères, s'explique par un gonflement de l'encaisse dès la fin 1865 en raison du solde créditeur des paiements avec l'extérieur. En 1914, l'encaisse atteint le chiffre considérable de 4,5 milliards de francs, dont 4,1 en or (ce qui représente un septième du stock mondial d'or). La Banque devient une banque mondiale de réserve qui, en cas de besoin, alimente en or les autres grandes banques centrales.

C'est d'ailleurs en 1865 que naît l'initiative de l'Union latine, qui institue une harmonisation monétaire fondée sur le bimétallisme or-argent du franc germinal. Regroupant à l'origine quatre pays (France, Belgique, Suisse et Italie), elle s'étend *in fine* jusqu'à 32 territoires, de l'Argentine à la Finlande. Ce premier système monétaire international peut être considéré comme le lointain précurseur de l'Union monétaire européenne.

Si le monopole d'émission de la Banque s'étend rapidement au-delà de la région parisienne, il reste limité au territoire métropolitain. Dans les colonies françaises, des banques privées locales se voient confier l'émission de billets libellés en francs français.

2. **L'escompte.** – L'escompte est une opération de crédit à court terme qui consiste pour la Banque à acheter, avant son échéance, un effet de commerce au porteur de celui-ci. C'est la principale opération qu'effectue la Banque, contrepartie essentielle de l'émission des billets et source majeure de ses revenus. Les effets doivent être présentés par des personnes notoirement solvables, une liste des bénéficiaires étant établie tous les ans. L'escompte peut être direct ou indirect :

- dans l'escompte direct, la Banque achète directement les effets aux commerçants ou aux industriels, elle agit alors comme une banque commerciale classique ;
- dans l'escompte indirect, la Banque achète les titres à un intermédiaire, souvent une banque commerciale, qui les a préalablement escomptés, elle joue donc un rôle de réescompteur.

Le taux d'escompte est fixe et uniforme, quel que soit le bénéficiaire. En cas d'afflux des porteurs à ses guichets, la Banque ne peut pas relever le taux d'escompte au-delà du taux légal de 6 % fixé en 1807. L'idée que la variabilité du taux puisse être un instrument d'action apparaîtra en 1847, moment où le conseil général, pour protéger l'encaisse, relèvera le taux de 4 à 5 %. En 1857, le conseil général est autorisé à élever le taux d'escompte au-delà de 6 %.

En cette période, l'escompte est considéré et réalisé comme une mission commerciale et rentable. Que le taux d'escompte puisse faire courir un risque à l'activité économique n'est pas encore théorisé, et la Banque a pu parfois aggraver des crises économiques en maintenant un taux trop élevé.

3. **Les autres opérations commerciales.** – Au-delà de l'émission des billets, la Banque peut effectuer de nombreuses opérations commerciales ; quelques jours après sa création, elle se voit même confier le service de la Loterie nationale. La volonté du pouvoir politique, à sa création, est de créer, à Paris, une banque unique et puissante en absorbant les autres banques d'émission.

En dehors de ses missions publiques, la Banque exerce toute la palette des activités d'une banque commerciale : elle accorde des crédits et développe des services en faveur de la clientèle (ouverture de comptes courants, virements, gestion de fonds ou de titres). Le développement de son activité propre restera soutenu : elle participera par exemple au placement des obligations émises par les chemins de fer de 1858 à 1861.

Dans la seconde moitié du XIXe siècle, les établissements de crédit concurrents se multiplient et attirent les dépôts du public (création du Crédit lyonnais en 1863 et de la Société générale en 1864). À la fin du Second Empire, les effets de cette concurrence commencent à se faire sentir : la croissance des valeurs escomptées est freinée et le nombre de succursales en perte financière augmente. Sous la pression de l'État, la Banque est amenée à soutenir des établissements commerciaux, dont le Crédit populaire et le Crédit agricole, qui interviennent dans des secteurs délaissés par les autres banques. Face à la détérioration de son compte d'exploitation, la Banque réagit en développant les opérations de clientèle directe.

4. **Les relations avec l'État.** – Les opérations de la Banque avec l'État, dont les besoins ne cessent de

croître, font toute l'originalité de son portefeuille d'activités. En l'occurrence, la Banque joue le rôle de caissier de l'État et assure le paiement des rentes et pensions. Elle gère les comptes ouverts au nom du Trésor.

Elle est aussi le banquier de l'État et prend régulièrement à l'escompte, dans les mêmes conditions que les effets privés, les effets publics représentatifs des créances de l'État : engagement des receveurs généraux des contributions de payer à échéances fixes ; traites des adjudications de coupes de bois ; bons royaux sous la Restauration et bons du Trésor, etc. En cas de crise de trésorerie de l'État, la Banque accorde des escomptes ou des avances extraordinaires.

Les rapports de la Banque et de l'État sont marqués par des concessions réciproques. Par exemple, l'une reçoit de l'autre la prorogation du privilège d'émission en 1857 pour quarante ans à la condition qu'elle s'engage à utiliser la quasi-totalité de son augmentation de capital pour acheter des rentes de 3 % à un cours avantageux pour l'État. Avec le traité du 10 juin 1857, le Trésor versant à la Banque ses fonds disponibles, la Banque lui accorde une « avance permanente » de 80 millions de francs à faible intérêt, avance par la suite réduite à 60 millions.

La période qui suit la fin de l'Empire est marquée par des rapports plus conflictuels. Pendant les deux mois de la Commune de Paris, la Banque coopère dans un certain attentisme avec l'autorité parisienne qui possède un solde créditeur dans ses comptes, face aux menaces de réquisition successives. Toutefois, l'encaisse et le patrimoine seront respectés et l'intégrité de la Banque, sauvegardée, alors même que, dès 1869, la Première Internationale avait mis sa nationalisation à l'ordre du jour.

Dans le nouveau cadre républicain, les discussions relatives au renouvellement du privilège aboutissent à la loi du 17 novembre 1897. Elle comporte de nombreux avantages pour l'État : avances qui atteignent 180 millions de francs et deviennent permanentes et gratuites ; accroissement des services dont la tenue de compte courant du Trésor ; versement d'une redevance directe à l'État calculée à partir du taux et du volume d'escompte ; création de nouvelles succursales...

À cette époque, le rôle éminent de la Banque dans l'économie n'est plus à démontrer et sa position centrale dans les institutions économiques et financières est incontestée. En comparaison, ses homologues européennes tardent à voir le jour : dans l'Empire allemand la Reichsbank est fondée en 1876 ; la Banca d'Italia, quant à elle, voit le jour en 1893, soit plus de vingt ans après l'unification italienne. Dans ces États plus récents, la concurrence politique et économique était plus forte : le privilège d'émission était encore partagé entre cinq banques en 1910 dans l'Empire allemand et entre trois banques en 1926 en Italie. Le Système fédéral de réserve américain verra le jour en 1913, autour de douze Federal Reserve Banks qui appartiennent aux banques commerciales de leur district. Elles sont coordonnées, depuis une réforme structurelle de 1935, par un Board of Governors qui décide du taux de l'escompte et des réserves obligatoires et délègue les opérations sur le marché monétaire au Federal Open Market Committee.

III. – Dans la tourmente : Grande Guerre et crise économique

La Banque prend conscience, au tournant du siècle, du pouvoir considérable qu'elle peut exercer sur l'économie par le maniement du taux d'escompte. La défense énergique de l'encaisse et le maintien du taux d'escompte après 1867 à un niveau assez modéré pour favoriser la croissance montrent que la Banque assume déjà de larges responsabilités dans les domaines économique et monétaire. Les crises politiques et financières du début du XXe siècle vont cependant éprouver la résilience de son modèle.

1. **Le soutien à l'économie de guerre.** – Durant le conflit, la Banque joue un rôle majeur : la loi du 5 août 1914 remonte le plafond des émissions de billets à 12 milliards de francs (avec des remontées successives jusqu'à 33 milliards de francs en 1918) et établit le cours forcé (aussi appelé inconvertibilité) de la monnaie. Ainsi, les billets, jusqu'alors payables « à vue, au porteur », ne sont désormais plus convertibles en métaux précieux. Une telle mesure vise à éviter les retraits massifs et avait déjà été mise en œuvre en 1848 et 1870. En 1916, pour répondre à la demande massive de billets émanant de l'État, est créée la coupure de 10 francs. C'est à ce moment que le billet devient un outil stratégique dans l'économie française, ayant gagné la confiance de la population : en 1910 il avait été fabriqué 21 millions de billets ; en 1914 ce nombre s'élève à 75 millions.

Le Puy-de-Dôme, centre historique de la production des billets

Lors du conflit franco-prussien, l'occupation d'une partie du territoire national pousse la Banque de France à revoir sa stratégie industrielle pour éviter toute pénurie de billets. Auparavant, l'imprimerie et les ateliers de vérification étaient situés au siège de la Banque, à Paris. En 1915, la Banque décide donc d'installer une imprimerie à Chamalières, près de Clermont-Ferrand, pour profiter de la main-d'œuvre abondante et de la centralité du territoire, bien relié au réseau ferroviaire. Les premiers billets y sont imprimés dès 1918. En 1923, la Banque de France commence à produire son propre papier fiduciaire, à Vic-le-Comte, à une vingtaine de kilomètres de l'imprimerie, le long de l'Allier, en raison des besoins en eau de cette industrie. Cette papeterie deviendra en 2015 Europafi. Dans un objectif d'autonomie stratégique, la Banque a opté pour un contrôle de l'ensemble de la chaîne de production industrielle dans la seule région auvergnate. La Banque est aujourd'hui le premier producteur de billets de l'Eurosystème : depuis 2002, elle a imprimé plus de 28 milliards de billets en euros de toutes coupures, et produit entre 1 et 1,5 milliard de billets par an. La production destinée à l'export dans le monde entier est du même ordre de grandeur. Après cent ans d'activité, le projet Refondation vise à ancrer durablement l'activité industrielle dans le Puy-de-Dôme en transférant l'imprimerie sur le site de la papeterie. À terme, c'est un projet qui permettra à la Banque de se doter d'un outil industriel de pointe, regroupant l'ensemble de la chaîne de production de billets sur un même site, le premier du genre en Europe.

La Banque suit en outre le mouvement d'évacuation de la capitale et s'installe à Bordeaux, tandis que le stock national d'or est réparti dans les succursales les plus sûres à distance de l'Allemagne. L'encaisse métallique (pièces d'or et d'argent) ainsi que les réserves de billets sont transférées à Brest. Les succursales du nord du pays, comme celle de Lille, vivront pendant toute la guerre sous le contrôle de l'occupant qui imposera des perquisitions, saisies et réquisitions du personnel. Le statut privé de la Banque, supposément protecteur au regard du droit de la guerre, ne fut pas suffisant face à la force allemande.

La participation au financement de l'économie de guerre prend diverses formes :

- les avances directes de la Banque à l'État financent en partie le déficit budgétaire. Leur montant atteint près de 21 milliards en 1918. Il faut y ajouter l'escompte de bons du Trésor, dont le produit est affecté à des concours de l'État au profit de gouvernements alliés ;

- la Banque contribue aussi au succès des emprunts lancés par l'État en plaçant près de 60 milliards de francs de valeurs de l'État ;
- les concours et les services de caisse rendus à l'État sont effectués gratuitement ;
- pour venir en aide aux banques et faciliter le financement des entreprises travaillant pour la défense nationale, la Banque escompte les effets bénéficiant du moratoire des paiements et accorde des concours exceptionnels.

Dans ce contexte, le taux d'escompte est ramené à 5 % entre août 1914 et 1919. La Banque évite une chute du franc sans recourir à la hausse du taux d'escompte ou aux prélèvements sur l'encaisse grâce à la constitution d'un portefeuille de créances sur l'étranger et à la mobilisation des valeurs étrangères détenues par des Français. La Banque accroît même ses réserves en or grâce aux versements du public.

L'importance des services rendus facilite le renouvellement du privilège d'émission par la loi du 20 décembre 1918 jusqu'en 1945. En contrepartie, la Banque se voit imposer de nouvelles charges en faveur du Trésor : prorogation des avances permanentes sans intérêt ; imposition sur les bénéfices exceptionnels de l'escompte durant la guerre (à hauteur de 200 millions de francs) ; mise en place d'une redevance annuelle sur le produit des opérations productives...

2. **La difficile stabilisation monétaire durant la crise de l'entre-deux-guerres.** – À l'issue de la guerre et de ses répercussions sur l'économie nationale, le franc a perdu environ 80 % de sa valeur-or de 1914. La Banque

est favorable au retour à la parité d'avant guerre, ce qui suppose une très forte politique déflationniste reposant sur une réduction du volume de billets en circulation. En effet, pour garantir la possibilité pour les agents économiques de convertir leurs billets en métal précieux – le cours forcé étant abandonné en 1928 –, la quantité de papier-monnaie ne peut être trop importante.

Toutefois, la volonté de déflation se heurte à l'impossibilité de réduire le soutien financier à l'État. Dès 1919, la Banque consent deux nouvelles avances et la limite d'émission des billets est relevée à 41 milliards. L'État ne respectera pas son échéancier de remboursement. Avec l'arrivée au pouvoir du cartel des gauches en 1924, les relations entre le gouverneur Robineau et le gouvernement se tendent et la reprise des avances de la Banque à l'État devient inéluctable pour éviter une grave crise de trésorerie : à la fin de 1925, le plafond des avances atteint 39,5 milliards et celui des billets en circulation, 58,5 milliards.

Second obstacle à la revalorisation du franc : la dépréciation du change. En mars 1919, la dénonciation des accords de trésorerie entre la France et ses alliés entraîne une nouvelle baisse du franc. Le mouvement s'accentue avec l'effondrement financier de l'Allemagne en 1923, qui rend impossible le paiement des réparations d'après guerre.

En juillet 1926, la constitution d'un gouvernement d'Union nationale présidé par Raymond Poincaré donne un coup d'arrêt à la chute de la devise. Le gouvernement annonce en effet son intention de stabiliser la monnaie, mais sans donner de précisions sur sa parité. Le gouverneur Moreau est favorable à la stabilisation du franc à un niveau inférieur à celui du franc germinal pour éviter une grave crise économique et sociale. De la fin de 1926 à 1928, la Banque décide de défendre le cours de 124 francs pour une livre sterling grâce à de considérables achats de lingots et de monnaies d'or, d'argent, ainsi que de devises étrangères.

La loi du 25 juin 1928 instaure un franc dit « Poincaré » avec une valeur-or divisée par cinq par rapport au franc germinal, ce qui correspond au change réel. Le bimétallisme est abandonné et le cours forcé des billets est aboli ; un franc vaut alors 65,85 milligrammes d'or fin. Pour tenter d'assurer la convertibilité du billet, le minimum d'encaisse-or est fixé à 35 % des engagements. En parallèle, le bilan de la Banque de France est assaini avec un effacement des avances à l'État et la mise en place d'une caisse d'amortissement pour certaines créances de guerre irrécouvrables.

De 1928 à 1933, il est aisé de défendre l'étalon-or à son nouveau niveau alors que le franc apparaît dans le monde entier comme la monnaie la plus solide (ce qui permet d'attirer les capitaux internationaux). L'encaisse-or passe de 1 700 tonnes en 1928 à 5 000 en 1933, soit le quart du stock mondial. Le pourcentage de couverture des engagements est alors de 78 %. L'aisance du marché de Paris liée à l'afflux de capitaux permet le maintien du taux d'escompte à un niveau stable et peu élevé de 2,5 %, ce qui favorise la prospérité de l'économie jusqu'en 1930.

Néanmoins, à la suite de la crise de 1929, la dévaluation de la livre sterling en 1931 entraîne des pertes considérables pour la Banque qui avait prêté des fonds à la Bank of England pour soutenir son cours. La situation monétaire s'aggrave encore à partir de 1933, du fait des déficits budgétaires récurrents de l'État qui provoquent l'accroissement des besoins du Trésor. Début 1935, le gouverneur Moret refuse de céder aux exigences du Trésor et démissionne. S'ensuit une loi du 25 janvier 1935 qui autorise, à hauteur de 5 milliards, le réescompte des bons du Trésor souscrits par les banques. Dans le système monétaire international, après l'abandon de l'étalon-or par le Royaume-Uni en 1931 et par les États-Unis en 1933, la France s'isole au sein du « bloc-or ».

Les capitaux quittent la France et les sorties d'or s'accélèrent en 1935 et 1936. Le mythe de l'intangibilité de la monnaie rattachée à l'or s'effrite progressivement.

3. **L'abandon de l'étalon-or et la modification de l'organisation de la Banque de France.** – Dans ce contexte de tensions monétaires accrues, l'arrivée du gouvernement du Front populaire marque un virage décisif. Le gouvernement Blum prône en effet une politique d'expansion monétaire destinée à résorber le chômage. À la demande de l'État, les avances provisoires, qui avaient disparu entre 1928 et 1935, atteignent 52 milliards de francs en 1938 et les avances permanentes, 10 milliards. En outre, la loi monétaire du 1er octobre 1936 modifie deux dispositions essentielles de la loi du 25 juin 1928 : la convertibilité en or du billet est supprimée avec un retour au cours forcé, et le franc est dévalué. Ce « franc élastique » peut alors fluctuer entre un plancher de 43 milligrammes et un plafond de 49 milligrammes d'or, soit une fourchette de dévaluation de 25 à 34 % par rapport à la valeur de 1928. Le franc est ensuite laissé flottant à partir de juin 1937, avec une disparition de la parité fixe entre le franc et l'or. La loi de 1936 crée aussi le Fonds de stabilisation des changes, contrôlé par l'État et géré par la Banque, qui récupère à cette occasion les réserves d'or de cette dernière.

Durant cette période, la Banque accroît fortement sa part dans le marché des dépôts et des crédits à la clientèle. Fin 1936, le montant des dépôts dans ses livres atteint 7 % de l'ensemble des dépôts nationaux, alors que les banques privées souffrent de la méfiance du public. Les crédits accordés par la Banque représentent 18 % de ceux de l'ensemble des institutions financières. Le secteur bancaire critique la concurrence de la Banque, souvent perçue comme déloyale. Toutefois, les pouvoirs publics soutiennent la faculté de la Banque à pratiquer l'escompte, car ce dernier est utilisé pour orienter le crédit vers certains secteurs stratégiques. En parallèle, le nombre de comptes ouverts passe de 251 000 à 401 000 entre 1919 et 1939, celui des employés de la Banque de 9 380 à 10 700 sur la même période.

La Banque, perçue par le pouvoir politique du Front populaire comme gardienne de l'orthodoxie financière, se voit accusée d'ériger un « mur d'argent », slogan qui date du cartel des gauches de 1924 et d'Édouard Herriot. C'est l'une des raisons pour lesquelles le législateur décide en 1936 de réformer les statuts de la Banque. Une violente campagne contre les « deux cents familles », allusion aux plus importants actionnaires siégeant à l'assemblée générale, a pour objectif de modifier la composition des organes de décision de la Banque. En effet, sur 42 000 actionnaires, 18 000 n'étaient alors porteurs que d'une action, et 32 000 (77 %), de moins de cinq actions ; les petits actionnaires représentaient 414 millions de francs du capital, et les deux cents plus gros 73 millions, mais les premiers n'avaient aucun droit de vote ni de regard sur les affaires de la Banque.

La loi du 16 juillet 1936 se limite à modifier l'organisation administrative de la Banque et écarte la solution radicale de la nationalisation. Les pouvoirs du gouverneur et des deux sous-gouverneurs demeurent inchangés, mais leurs statuts se rapprochent de ceux des hauts fonctionnaires (alignement du salaire, révocation possible à tout moment, levée de l'obligation de détenir des actions de la Banque…). L'assemblée générale est désormais ouverte à tous les actionnaires. L'essentiel de la réforme concerne le conseil général, qui regroupe désormais, outre les gouverneurs et sous-gouverneurs et les trois censeurs élus par l'assemblée, 20 conseillers dont 17 sont nommés par le gouvernement pour représenter les intérêts de la nation, les intérêts économiques et ceux des usagers du crédit ; deux seulement sont choisis par les actionnaires et un dernier représente le personnel. En rompant l'équilibre des origines, la réforme de 1936 place définitivement la Banque de France sous la tutelle de l'État.

Un patrimoine immobilier inestimable

La Banque, en raison de son ancienneté, jouit d'un patrimoine immobilier important. Installée quelques mois à l'oratoire du Louvre (actuel temple protestant), puis à l'hôtel de Massiac, ancien siège de la Caisse des comptes courants ainsi que de la Compagnie des Indes, la Banque fait l'acquisition en 1808 de l'hôtel de Toulouse, « palais proportionné à la grandeur de son établissement » selon le décret autorisant l'achat. Construit entre 1635 et 1640 par François Mansart pour le marquis de La Vrillière, il fut racheté en 1713 par Louis-Alexandre de Bourbon, fils légitimé de Louis XIV et de Mme de Montespan, titré comte de Toulouse, duquel l'hôtel tire son nom. Précédent locataire mécontent de déménager, l'Imprimerie nationale emportera portes et fenêtres, jusqu'aux coffres à avoine des écuries !
Joyau de ce lieu, la galerie dorée, et ses dimensions impressionnantes (40 mètres de long sur 6,5 de large) a été entièrement restaurée en 2015. La voûte, à plus de 8 mètres de hauteur, représente une grande partie du panthéon de la mythologie grecque, et rend un discret hommage à Louis XIV. À travers le territoire, la Banque dispose d'un maillage de succursales et d'autant de prestigieux bâtiments. En effet, avec l'ouverture des comptoirs de Château-Thierry et d'Oloron-Sainte-Marie en 1928, le réseau compte 260 succursales en activité, atteignant ainsi son apogée. Certains immeubles sont particulièrement renommés comme l'hôtel de la Thoison, implantation dijonnaise de la Banque, qui accueille en 2022 un travail de l'artiste Daniel Buren.

CHAPITRE II

Vers la banque centrale indépendante (1939-1998)

De la Seconde Guerre mondiale et sa nationalisation par le Gouvernement provisoire de la République française à 1998, l'histoire de la Banque de France au « second xxe siècle » est celle d'une route vers l'indépendance et l'élargissement de ses missions.

I. – La nationalisation à la suite de la Seconde Guerre mondiale

1. **La Banque pendant la Seconde Guerre mondiale.** – Le fonctionnement de la Banque est bouleversé par la guerre. Le décret-loi du 1er septembre 1939 la dispense de conserver une encaisse-or égale au minimum à 35 % de ses engagements à vue. Le cours forcé étant rétabli depuis le 1er octobre 1939, l'émission des billets n'est plus limitée. Un décret du 9 septembre 1939 instaure le contrôle des changes. La loi du 24 novembre 1940 renforce l'emprise de l'État sur le conseil général dont le nombre de membres est réduit de 20 à 11. Pendant l'Occupation, un commissariat allemand, dirigé par Carl Schaefer, est établi pour surveiller la Banque. La désorganisation est complète : le siège social est d'abord transféré à Bordeaux puis à

Clermont-Ferrand en 1940, et 146 comptoirs sont évacués ; par crainte d'une intrusion allemande, les stocks de billets sont incinérés par les services. L'occupant peut émettre, à partir de l'été 1940, des signes monétaires libellés en marks dans les zones occupées. Ces billets sont émis par 14 caisses de crédit du Reich, installées dans différentes succursales de la Banque.

La réorganisation de la Banque permet de remplacer les marks par des francs en 1941 : la souveraineté monétaire est, en apparence, restaurée. La production de billets est finalement peu touchée pendant la guerre, les usines échappant aux bombardements, tant allemands qu'alliés. Toutefois, les billets de la Banque ne sont pas admis par les organisations de la France libre, qui mettent en place un système d'émission monétaire parallèle dans les colonies françaises et les territoires libérés par les Alliés. En février 1944, la Résistance attaquera toutefois un wagon de billets neufs à la gare de Clermont avec un profit de plus d'un milliard de francs, et même de 2,8 milliards de francs en juillet 1944 lors du « hold-up » de la gare de Neuvic, en Corrèze.

L'épopée de l'or de la France

Entre septembre 1939 et août 1940, la Banque évacue, avec l'aide de la Marine nationale, la quasi-totalité de l'encaisse-or, soit plus de 2 000 tonnes, vers les pays alliés et les colonies. Le dernier cargo, l'*El Mansour*, quitte la rade de Brest le 18 juin, quelques heures avant l'arrivée des Allemands dans la ville. Cependant, la Banque de France ne peut soustraire aux Allemands un stock d'or qui lui a été confié en dépôt par la Banque nationale de Belgique, et qui lui sera restitué à la Libération sur ses propres réserves. À la fin de la guerre, seuls 395 kilogrammes seront manquants, soit seulement 0,02 % du total.

Dans le contexte de la guerre froide, une seconde évacuation de l'or sera ordonnée, une partie des réserves étant transportée dans les colonies africaines. Deux convois transporteront 70 tonnes d'or en 1950 et 1951, avant leur rapatriement en 1959.

La Banque ne peut s'opposer au lourd tribut que l'occupant impose à l'économie française : les exportations sont dirigées en priorité vers l'Allemagne. Le taux de change du reichsmark est fixé arbitrairement à un cours très élevé, sinon « spoliateur », de 1 reichsmark pour 20 francs. Ce cours aurait dû s'élever à 1 reichsmark pour 11,05 francs si la parité de pouvoir d'achat avait été respectée, selon une étude de Maurice Couve de Murville, futur Premier ministre de Charles de Gaulle. La Banque avance au Trésor des sommes en francs qui sont reversées aux exportateurs et alimentent la création monétaire pour un total de 160 milliards. Durant le retrait des troupes allemandes consécutif au Débarquement, des « prélèvements » sont régulièrement effectués par l'occupant au prétexte de frais d'occupation, les agents (Quimper) ou leurs familles (Coulommiers) étant parfois même menacés physiquement. Ces prélèvements s'élèvent à 425 millions de francs à Épinal le 8 septembre 1944, ou 1,25 milliard de francs, puis 880 millions à Nancy les 9 et 18 septembre 1944.

Pendant cette période, des attributions nouvelles sont confiées à la Banque : une Commission de contrôle des banques est créée en 1941, avec trois membres de droit : le gouverneur, président, le directeur du Trésor, et le président du Comité permanent d'organisation professionnelle des banques. Les inspecteurs de la Banque sont chargés des contrôles sur place au sein des banques. Le gouverneur préside par ailleurs le Comité des bourses de valeurs (ancêtre de l'AMF) institué en 1942.

En 1945, les avances de la Banque à l'État représentent 81 % des actifs de l'institution, contre 29 % au début de la guerre. L'ordonnance du 30 mai 1945 met fin à l'obligation de la Banque de rembourser les billets qu'elle a émis avant cette date, après une période de transition de douze jours. Des billets d'un nouveau type sont émis en remplacement des anciens. Au total, 1,8 million de personnes viendront échanger, par ordre alphabétique, 34,8 millions de coupures, dans une organisation excellente. Comme le souligne un journaliste :

> L'opération s'effectue d'une façon si prompte, l'attente enfin est si réduite, qu'on sort de là tout ému. [...] On se demande surtout si l'on est bien en France. Car, on n'est pas accoutumé, chez nous, de rencontrer des administrations où l'on a le sourire, le verbe agréable et des gestes précis.

2. **La nationalisation de 1945 et ses suites.** – À la Libération, les critiques contre la Banque sont d'ordre politique et économique. L'orientation dirigiste de la politique du crédit, vouée à la reconstruction et au redressement économique, s'accorde mal avec une Banque trop indépendante et soucieuse de la stabilité monétaire.

La loi du 2 décembre 1945 parachève la réforme de 1936 et consacre définitivement son statut de banque centrale, responsable de l'élaboration de la politique monétaire, de la surveillance du système financier et du contrôle des établissements de crédit. La réforme accentue aussi le rôle de l'État. Le privilège d'émission est prolongé sans limitation de durée, mais, en contrepartie, la Banque est nationalisée : le capital est désormais intégralement détenu par l'État. La composition du conseil général est modifiée : les conseillers et censeurs désignés par les actionnaires disparaissent, pour en revenir au nombre de 12 conseillers et 2 censeurs nommés par l'État. La loi de 1945 nationalise également les quatre principales banques françaises (Crédit lyonnais, Société générale, et deux ancêtres de l'actuelle BNP Paribas) et met en place le Conseil national du crédit, qui définit la politique du crédit et prend les décisions réglementaires concernant les banques.

De plus, le régime fiscal de la Banque est progressivement banalisé à travers un décret de 1948 supprimant le droit de timbre sur les billets, et une loi de 1951 qui l'assujettit aux impôts de droit commun tels que l'impôt sur les sociétés. Le contrôle des comptes de la Banque est assuré par la Commission de contrôles des banques entre 1950 et 1966, avant que la Cour des comptes n'en soit chargée.

Parallèlement, outre-Rhin, la création en deux temps (1948 puis 1957) de la Bundesbank établit un autre modèle de banque centrale, dont le capital est certes détenu par l'État, mais dont les statuts précisent que les dirigeants n'ont aucune instruction à recevoir de la part du gouvernement, et sont nommés pour un long mandat irrévocable de huit ans.

L'organisation monétaire en dehors de la métropole

En 1947, à la suite de la départementalisation des quatre « vieilles colonies » (Guadeloupe, Martinique, La Réunion et Guyane), un débat a lieu entre le ministère des Finances, qui souhaite que le privilège d'émission sur ces territoires soit octroyé à une caisse centrale, et celui de l'Outre-mer, appuyé par la Banque, promouvant le maintien du privilège d'émission des quatre banques privées,

sous le contrôle de la Banque. La première position sera retenue, ce qui conduit à la création de la Caisse centrale de la France d'outre-mer (CCFOM).
Il existe alors trois « francs français » : le franc « métropolitain », ayant cours dans l'Hexagone et quelques colonies (en Algérie notamment) ; le franc « des colonies françaises d'Afrique » (CFA) ayant cours dans les colonies d'Afrique, mais aussi à Saint-Pierre-et-Miquelon ou à La Réunion ; et enfin le « franc pacifique » (CFP), émis par la Banque d'Indochine. En 1945, le franc métropolitain vaut environ 0,59 franc CFA et 0,42 franc CFP, en raison du déficit des finances publiques françaises au sortir de la guerre.
Cependant, la création de la Communauté française en 1958 avec la Constitution de la Ve République sépare les activités de la CCFOM en deux : la Caisse centrale de coopération économique (CCCE – future Agence française de développement) pour les missions de développement et l'IEDOM pour les questions monétaires. Entre 1959 et 1975, l'IEDOM est très liée à la CCCE, partageant le même directeur général. Toutefois, le franc « métropolitain » obtient cours légal en 1975 dans les quatre départements d'outre-mer, puis à Mayotte en 1977. L'introduction de l'euro en 1999 conduit à une refonte complète des statuts : l'IEDOM est placé sous l'autorité exclusive de la Banque et devient son relais pour les opérations de l'Eurosystème en outre-mer. Son président est nommé par le gouverneur et participe au comité de direction de la Banque. Créé en 1966, l'IEOM assure quant à lui le rôle de banque centrale dans les collectivités ayant pour monnaie le franc pacifique ; son directeur général est par ailleurs le président de l'IEDOM.

3. **La lutte contre la dépréciation de la monnaie.** – La stabilité de la monnaie est sacrifiée au bénéfice des objectifs de développement économique, avec une vive croissance des moyens de paiement en circulation au risque de l'inflation.

À partir de 1945, la Banque met en place une limitation quantitative de ses concours aux banques commerciales, avec un système de plafonds. Cette limitation comporte toutefois de nombreuses dérogations qui nuisent à son efficacité pour le contrôle monétaire.

L'orientation des taux d'intérêt est dictée par le gouvernement et le Trésor : la Banque est ainsi obligée de maintenir le taux d'escompte à un niveau modéré quelle que soit l'inflation, ce qui favorise le recours des agents économiques à l'endettement auprès des banques, et stimule la croissance économique, aux dépens de la stabilité des prix. Cette situation conduira notamment à la démission du gouverneur Monick en 1949, en désaccord avec la politique menée. Dans le même temps, pour la gestion externe de la monnaie, et à la suite des accords de Bretton-Woods de 1944, un système de parités fixes se met en place entre le dollar et les autres monnaies dont le franc, et le Trésor supporte le risque de change dans les opérations en devises.

Durant cette période, le Trésor joue un rôle majeur dans l'économie du pays, en tant que prêteur direct, entraînant des besoins de trésorerie importants. Le « circuit du Trésor », mis en place pendant la guerre, se poursuit : le Trésor dispose d'un compte à la Banque de France sur lequel des correspondants du Trésor, dont notamment les banques nationalisées, doivent déposer leur trésorerie, en échange de bons du Trésor d'une durée d'un mois à cinq ans. Cette orientation forcée d'une partie de l'épargne nationale privée vers des emprunts publics permet de financer la reconstruction. Le circuit est progressivement abandonné après les années 1960.

Lors de la même décennie, l'ouverture sur l'extérieur modifie les conditions d'exercice de la politique monétaire. L'équilibre du budget de l'État et la réduction de l'endettement du Trésor neutralisent l'effet des finances publiques sur la création monétaire. Toutefois, le contrôle des mouvements de capitaux avec l'étranger conduit la Banque à intensifier ses interventions sur le marché interbancaire : l'institution de réserves obligatoires sur les dépôts (1967) et sur les crédits (1971) vise à organiser une régulation globale de la liquidité bancaire. L'encadrement du crédit est organisé en 1958, puis entre 1963 et 1965, et entre 1968 et 1970, date à partir de laquelle une loi permet à la Banque de prendre des mesures de limitation directe du crédit destinées à enrayer les tensions inflationnistes.

Parallèlement, Charles de Gaulle, face à la politique monétaire laxiste des États-Unis, qui financent un déficit commercial croissant par une augmentation importante de la masse monétaire, décide de convertir en or les dollars issus des exportations, lequel or est ensuite rapatrié en France. De Gaulle réclame le retour de ce métal comme étalon monétaire international, ce qui lui vaudra le surnom de « Gaullefinger », en référence au film d'espionnage *Goldfinger*, dans lequel James Bond fait face à un criminel voulant dérober l'or des États-Unis. L'opération « Vide-gousset », menée entre 1963 et 1966, fera transiter 1 718 tonnes d'or en 65 voyages vers la France.

À l'échelon national, la réforme du « nouveau franc », préconisée par un comité d'experts placé sous la direction de Jacques Rueff, est ardemment souhaitée par de Gaulle pour rendre à la monnaie nationale une « substance respectable ». Une monnaie « lourde » sera, dans l'esprit du public, une monnaie forte. Elle devra avoir une parité voisine du franc suisse ou du mark allemand. L'ordonnance du 27 décembre 1958 institue en France une nouvelle unité monétaire, égale au centuple de la précédente : 1 nouveau franc vaut désormais 100 anciens francs. Le 1er janvier 1960, les billets en nouveaux francs sont mis en circulation, avec des figures (Victor Hugo, Bonaparte…) identiques aux billets précédents. Un décret de novembre 1962 prévoit qu'au 1er janvier 1963, la dénomination transitoire « nouveau franc » soit abandonnée au profit de celle de « franc », parachevant ainsi la réforme monétaire.

4. **La réorientation des tâches et la modernisation.** – Au cours des années qui suivent la guerre, la Banque se voit confier de nouvelles missions.

Tout d'abord, elle est chargée, dès la nationalisation en 1945, de la gestion des comptes titres du Trésor. Dans le cadre de ses missions d'intérêt général et de service public, la Banque s'occupe de la création et de l'alimentation du fichier central des chèques (FCC), en 1955, qui centralise toutes les déclarations de non-paiement de chèques pour défaut de provisions. Les incidents de paiement sur effets de commerce sont à leur tour centralisés en 1957. L'établissement de la balance des paiements lui échoit en 1959, ainsi que celle, en 1962, des tableaux des opérations financières de la comptabilité nationale, qui détaille la capacité ou le besoin de financement des secteurs institutionnels (ménages, sociétés non financières, sociétés financières et administrations publiques). En 1963, elle obtient la compétence de l'organisation des adjudications des bons du Trésor, facilitant ainsi la tenue du compte de l'État. Pour le secteur privé, la Banque prend aussi en charge, en 1968, les règlements scripturaux entre banques (recouvrement des chèques et compensation).

La Banque organise la centralisation et la circulation des informations financières : dès 1946, elle se dote d'un service central des risques, qui assure le recensement des crédits consentis au-delà d'un certain montant. En 1962, les enquêtes de conjoncture sont systématisées et établies mensuellement sur la base d'un échantillon large de secteur d'activités, afin de prendre la mesure des grandes tendances économiques. La centrale des bilans des entreprises (1969) est chargée de recueillir, assembler et analyser les comptes annuels des entreprises qui acceptent d'y participer. Au-delà de l'élaboration de données destinées à la comptabilité nationale, cette base a pour but de commander des études sur les comportements financiers des entreprises. Les adhérents volontaires à cette base bénéficient gratuitement d'une restitution de l'information sous forme individuelle ou sous la forme d'un positionnement au sein du secteur d'activités.

Dans le même temps, l'escompte direct perd de son importance après 1945. La publication du rapport Marjolin-Sadrin-Wormser en avril 1969 recommande de l'abandonner au profit des concours à taux variables. Ce mouvement entraîne une reconversion des fichiers de données d'entreprises, qui sont automatisés mais aussi purgés de leurs éléments relatifs à la vie privée des dirigeants.

Cette modernisation des activités s'accompagne d'une modernisation des outils : en 1968, la Banque se dote d'une direction de l'informatique et s'équipe progressivement en ordinateurs.

II. – La marche vers l'autonomie et l'intégration européenne

1. **La loi de 1973 puis l'accompagnement du « tournant de la rigueur ».** – La loi du 3 janvier 1973 se substitue aux statuts codifiés de 1936, qui avaient

remplacé, sans pour autant les remodeler, les statuts fondamentaux du 16 janvier 1808. Le nouveau dispositif permet à la Banque d'adapter ses moyens d'action sans intervention systématique du législateur. La composition du conseil général est de nouveau remaniée.

À partir de 1976, les chocs pétroliers poussent le gouvernement Barre à promouvoir une monnaie forte et stable, après trente ans d'une politique de développement économique indifférente à la stabilité monétaire. C'est une victoire politique pour la Banque qui défendait cette doctrine depuis de nombreuses années. La rigueur monétaire, avec un objectif de croissance dégressive de la masse monétaire (la « politique d'objectif monétaire »), doit permettre de réduire graduellement l'inflation, sans altérer la croissance. Les cibles non officielles de croissance de la masse monétaire sont respectivement de 15 %, 14 % puis 13 % en 1973, 1974 et 1975. Lors de l'alternance politique de 1981, la Banque réussit à préserver cette ligne malgré les pressions. La stratégie d'objectif monétaire reprend à partir de 1983. Dans le même temps, à partir de 1979, la Banque est chargée de défendre la parité du franc.

La Banque connaît à cette période des tensions avec le pouvoir politique, illustrées par les prises de parole des gouverneurs Wormser en 1974 et La Genière en 1981, critiquant la politique économique gouvernementale. Si le premier fut remplacé par Bernard Clappier dès l'élection de Valéry Giscard d'Estaing, démontrant s'il en était besoin la subordination de la Banque au pouvoir politique, le second fut entendu en 1983 lors du « tournant de la rigueur ».

Dans les années 1980, la mondialisation financière conduit à l'adoption de nouveaux instruments de contrôle monétaire : l'encadrement du crédit est aboli en 1986, le contrôle des changes est progressivement supprimé, une réforme du marché interbancaire limite celui-ci aux seuls établissements de crédit, en même temps qu'est créé un marché de capitaux à court terme. La loi bancaire de 1984 confirme le rôle de la Banque parmi les différentes institutions chargées de l'élaboration et de la mise en œuvre des règles applicables aux établissements de crédit.

2. **La gestion du change et les relations européennes.** – Accompagnant la construction européenne, plusieurs tentatives de coopération monétaire sont lancées au lendemain de la guerre.

Première d'entre elles : l'Union européenne des paiements (UEP). Elle a cours de 1950 à 1958, avec l'appui des instances de gestion du plan Marshall, et sur les conseils de Robert Triffin, spécialiste des questions de change. L'UEP forme un système de paiement, et de crédit, qui permet à ses membres d'échanger des biens et services sans limite de devises. La position de chaque État par rapport aux autres est évaluée en unité de compte, définie par rapport à l'or. L'Union facilite la libéralisation des échanges en « économisant » les dollars et les échanges physiques au moyen d'une compensation multilatérale.

Dès 1970, l'ambitieux rapport Werner prévoit la convertibilité totale entre les différentes monnaies européennes, le gel entre leurs parités et la disparition des marges de fluctuation, une organisation fédérale des banques centrale et une coordination des politiques économiques nationales. Ce projet fédéraliste constitue la base de ce qui deviendra le traité de Maastricht en 1992.

Après la crise monétaire de 1971 et la fin de la convertibilité entre l'or et le dollar, l'accord de Bâle d'avril 1972 prévoit la création du « serpent monétaire européen ». En son sein, les adhérents s'engagent à respecter une marge de fluctuation maximale de 2,25 % (soit 1,125 % à la hausse ou à la baisse) entre les cinq devises (deutschemark, lire italienne, franc français, franc belge et florin néerlandais). Parallèlement, dans le cadre du système monétaire international, ce serpent évolue lui-même dans un « tunnel » face au dollar, avec un écart maximum de 4,5 % par rapport aux cours définis à l'origine. Concrètement, le franc doit garder sa parité par rapport aux autres monnaies européennes, qui, collectivement, ne peuvent que faiblement varier face au dollar. Ce système permet d'éviter la spéculation : l'appréciation du deutschemark devrait alors aussi faire monter les monnaies qui lui sont attachées. L'unité de compte de ce système est un panier regroupant toutes ces monnaies : l'unité de compte européenne. Le Danemark, le Royaume-Uni et l'Irlande rejoignent le serpent le 1er mai 1972, mais, victimes de la spéculation, ils doivent le quitter seulement quelques semaines plus tard. En mars 1973, les couronnes suédoise et norvégienne le rejoignent à leur tour. À l'automne, le système monétaire international explose et le flottement généralisé des monnaies est officialisé : le « tunnel » disparaît, mais le « serpent » demeure. Le franc est l'une des devises les plus instables : il quitte le système entre janvier 1974 et juillet 1975, puis définitivement en mars 1976.

Le serpent se révèle finalement être un échec, principalement à cause de l'inflation due au premier choc pétrolier. Ce choc aggrave les différences de valeur entre les monnaies et déséquilibre les balances des paiements des pays importateurs d'énergie.

Le serpent sera par la suite remplacé par le système monétaire européen (SME), actif entre 1979 et 1992, et reposant sur trois piliers :

(1) un mécanisme de changes, sorte de Bretton Woods à l'échelon européen, avec un système de changes fixes ;

(2) une unité de compte (*european currency unit* – ECU) qui reprend la moyenne pondérée de la valeur des devises qui le composent ;

(3) un système de crédits mutuels ; les marges de fluctuation sont de plus ou moins 2,25 % en temps normal et de 6 % en temps de crise, d'adaptation ou d'adhésion, moyen auquel seule l'Italie aura recours en 1979.

La contrainte de maintenir une valeur extérieure stable a joué un rôle vertueux et rétabli la « convergence » entre les taux d'inflation, tout en raréfiant les crises de change. L'Espagne et le Royaume-Uni y adhèrent en 1990, le Portugal, en 1992. En 1990, la France supprime définitivement le contrôle des changes.

3. **De nouvelles missions au niveau national.** En 1975, la centrale d'incidents de paiement-effets regroupe les incidents de paiement concernant les moyens de paiement scripturaux autres que le chèque.

En 1982 est créé le Fichier bancaire des entreprises (FIBEN), qui permet de collecter et de diffuser des informations à l'attention des établissements de crédit : « état civil », données comptables et financières… Il fournit également une cotation revue tous les deux ans et déterminée en fonction du chiffre d'affaires, de la situation financière et du comportement de paiement.

Le Fichier national des incidents de remboursement des crédits aux particuliers (FICP), confié à la Banque en 1989, offre la possibilité de centraliser les incidents de paiement liés aux crédits accordés aux personnes physiques pour des besoins non professionnels.

La Banque doit aussi assurer le secrétariat des nouvelles commissions départementales de surendettement afin de trouver des solutions amiables aux problèmes rencontrés par les particuliers trop endettés.

Ce fichier est complété en 1991 par le Fichier national des chèques irréguliers (FNCI) qui donne aux commerçants la possibilité de vérifier si les chèques reçus en paiement ont été déclarés comme volés ou perdus.

De plus, la loi bancaire de 1984 confie à la Banque de France la responsabilité de la procédure de droit au compte, qui permet à l'ensemble des citoyens de bénéficier des services bancaires de base. À partir de 1985-1986, la Banque suit aussi la modernisation des modes de financement de l'État et s'occupe de l'adjudication des obligations assimilables du Trésor.

III. – L'indépendance et la construction de l'Union économique et monétaire

La décision de créer l'UEM a représenté un défi politique. Une monnaie unique permet en effet de supprimer les taux de change, et donc de limiter à la fois les coûts de transaction avec les commissions bancaires et les coûts de fluctuation avec la couverture contre le risque de change, estimés à 0,4 % du PIB. Elle permet aussi de créer, à l'échelon continental, une puissance économique comparable aux États-Unis, représentant 20 à 25 % du PIB mondial, et de créer, à travers un objet du quotidien, un signe d'appartenance concret des citoyens à la Communauté européenne.

Le « rapport Delors », publié en 1989, propose un dispositif d'unification en trois étapes :

(1) un resserrement de la convergence par le renforcement de la coordination entre les politiques économiques ;

(2) la mise en commun d'une partie des réserves de change et le rétrécissement des marges de fluctuation interdevises avec la mise en place du SEBC ;

(3) une fixation irrévocable des taux de change avec une mise en commun des réserves et une politique monétaire commune.

La signature du traité sur l'Union européenne, à Maastricht, le 7 février 1992, est le résultat du compromis négocié avec l'Allemagne, liant la réunification du 3 octobre 1990 avec le renforcement de la Communauté européenne. En contrepartie est fondée une Banque centrale européenne indépendante calquée sur le modèle de la Bundesbank. La campagne de ratification du traité sur le continent est l'occasion d'une grave crise de change dans le SME, avec une dépréciation de 20 % de la lire, de la peseta et de la livre, puis du franc dans un second temps. La Banque de France résiste à ce mouvement de spéculation, et, après la victoire du « oui » au référendum, obtient l'aide de la Bundesbank pour maintenir la parité de 1 deutschemark contre 3,35 francs qui dure depuis près d'une décennie. La spéculation contraint toutefois les couronnes norvégienne et suédoise, la peseta et l'escudo, ainsi que la livre irlandaise, à la dévaluation.

Le traité de Maastricht prévoit que les banques centrales nationales ne doivent pas solliciter ni accepter d'instructions de la part de leurs gouvernements. Au niveau français, le dispositif est transposé par la loi du 4 août 1993 qui donne à la Banque un nouveau statut d'indépendance, lui permettant de répondre à l'objectif de renforcement de la crédibilité de son action.

En effet, l'indépendance doit permettre de mieux assurer la stabilité des prix, en dégageant l'institution des contingences de l'alternance politique, comme l'a démontré la Bundesbank depuis 1957. Cette indépendance est toutefois limitée à la formulation de la politique monétaire. Dans les autres domaines d'activité, la Banque doit composer avec son actionnaire unique, l'État. Symbole du chemin parcouru depuis les origines de la Banque, le statut de 1993 supprime aussi la possibilité pour des particuliers d'ouvrir un compte à la Banque de France.

La phase 2 de l'UEM commence en 1994 avec la création d'un Institut monétaire européen, sorte d'échelon intermédiaire avant le SEBC. Il est chargé de l'évaluation des cinq indicateurs de convergence connus aujourd'hui comme les « critères de Maastricht », et qui déterminent qu'un État doit :

(1) éviter que son taux d'inflation ne dépasse de plus de 1,5 % la moyenne des 3 pays les plus stables ;
(2) présenter un déficit public inférieur à 3 % ;
(3) maintenir sa dette publique à un niveau inférieur à 60 % de son PIB ;
(4) opérer une convergence des taux d'intérêt, les taux à long terme des obligations d'État ne devant pas dépasser de plus de 2 % la moyenne des taux longs des trois pays ayant les meilleurs résultats au premier critère ;
(5) ne pas avoir subi de dévaluation depuis deux ans.

En 1996, seul le Luxembourg remplissait ces critères.

Avant la mise en place définitive de l'euro, la Banque est chargée de surveiller et de maîtriser l'évolution du franc sur les marchés de change, et en supporte directement le risque : les variations de change se traduisent ainsi par des plus-values ou des moins-values sur le stock de devises.

En 1998, le mouvement d'unification monétaire est amorcé automatiquement pour l'ensemble des États, et lance la phase 3 de l'UEM. Les nouveaux statuts de la Banque, en vigueur à partir de 1999, ne remettent pas en cause l'indépendance de l'institution, mais ils transforment ses missions en transférant au SEBC la responsabilité de la définition et de la mise en œuvre de la politique monétaire. La Banque de France ainsi que ses pairs ont désormais interdiction de financer les déficits de leurs États respectifs.

Le SEBC est composé de la BCE et des banques centrales nationales de tous les États membres de l'UE, qu'ils aient ou non adopté l'euro ; l'Eurosystème comprend, lui, la BCE et les banques centrales nationales des pays ayant adopté l'euro. L'Eurosystème coexistera avec le SEBC tant qu'il y aura des États membres de l'UE ne faisant pas partie de la zone euro. C'est l'Eurosystème qui mène donc la politique monétaire dans la zone euro et qui est l'organe pertinent pour discuter des sujets monétaires. Parmi ses premiers défis : la mise en place progressive de l'euro, entre 1999 et 2002, et l'élargissement de l'UE à d'autres États.

CHAPITRE III

Dans l'Eurosystème (depuis 1998)

Le 1er juin 1998 marque un tournant majeur dans le fonctionnement et les missions de la Banque de France : la BCE est établie à Francfort-sur-le-Main, en Allemagne. À partir de cette date, c'est dans le cadre de l'Eurosystème que vont être définies les grandes orientations de la politique monétaire de la zone euro. La Banque de France y perd formellement son autonomie de décision et y gagne substantiellement la possibilité de participer à la mise en œuvre de la politique monétaire à l'échelle européenne. C'est la raison pour laquelle, durant cette période, l'histoire de la Banque est inextricablement liée à celle de la BCE.

I. – Construction des institutions monétaires européennes

1. **La mise en circulation de l'euro et l'insertion de la Banque dans l'Eurosystème.** – Le 1er janvier 1999, onze États intègrent la troisième phase de l'UEM : l'Allemagne, l'Autriche, la Belgique, l'Espagne, la Finlande, la France, l'Irlande, l'Italie, le Luxembourg, les Pays-Bas et le Portugal. Ils acceptent ainsi la fixation irrévocable des taux de conversion de leurs monnaies entre elles et avec l'euro. Pour le franc, le taux est de 1 euro pour 6,55957 francs (soit environ 15 euros pour 100 francs).

À cette date, l'euro est introduit sous forme immatérielle (chèques de voyage, transferts d'argent électronique, services bancaires...). Ce n'est que le 1er janvier 2002 que les pièces et les billets en euro, imprimés en partie par la Banque de France, sont mis en circulation. Pour cette date, un stock de lancement de 14,89 milliards de billets a été produit pour les douze pays participants. Représentant une valeur totale de quelque 633 milliards d'euros, ces billets, mis bout à bout, forment une ligne équivalant à cinq fois la distance de la Terre à la Lune. La transition est une opération industrielle de grande envergure, comprenant l'estimation du volume de la circulation fiduciaire et du rythme d'émission des euros et du retour des francs, le convoyage des fonds, l'adaptation du matériel de comptage et de tri aux nouveaux moyens de paiement... La Banque échangera les anciens billets en francs contre des billets en euros jusqu'en 2012.

La zone euro s'étend avec l'entrée de la Grèce (2001), la Slovénie (2007), Chypre et Malte (2008), puis la Slovaquie (2009), l'Estonie (2011), la Lettonie (2014), la Lituanie (2015) et enfin la Croatie, devenue le vingtième État à adopter l'euro le 1er janvier 2023. Si tous les pays de l'UE sont supposés intégrer un jour la zone euro, le Danemark bénéficie d'une dérogation dite *opt-out*. Avant sa sortie de l'UE, le Royaume-Uni en bénéficiait lui aussi. La Suède, elle, a décidé de ne pas rejoindre la zone euro lors d'un référendum organisé en septembre 2003 où 56,1 % de la population s'y est déclarée opposée. Elle fait donc en sorte de ne pas respecter les critères de convergence. Dans le cadre d'accords monétaires, certains États sont autorisés à utiliser l'euro comme monnaie officielle : le Vatican, Saint-Marin, Monaco ainsi qu'Andorre. Ces États doivent respecter les règles monétaires de l'UE (y compris LCB-FT et transmission statistique), et peuvent émettre des pièces en euro mais en nombre limité. D'autres territoires, comme le Kosovo, ont adopté l'euro comme monnaie de manière unilatérale.

Le Néerlandais Wim Duisenberg, président de la Banque des Pays-Bas, est nommé par le Conseil européen premier président de la BCE. Il est remplacé par le Français Jean-Claude Trichet, gouverneur de la Banque de 1993 à 2003, à partir du 1er novembre 2003 pour un mandat de huit ans non renouvelable.

Du point de vue institutionnel, le traité de Lisbonne, signé le 13 décembre 2007, entérine la nouvelle construction de l'Europe monétaire. Le nouveau TFUE contient, comme précédemment, les statuts du SEBC et de la BCE.

2. **Les premières décisions de l'Eurosystème : établissement de la stabilité monétaire.** – Sur le plan monétaire, la période de 2000 à 2007 est marquée par une grande stabilité des prix en zone euro, l'inflation variant entre 2 et 2,5 % par an jusqu'à la toute fin de 2007. En mai 2003, le Conseil des gouverneurs établit sa stratégie de politique monétaire : maintenir le taux d'inflation à un niveau inférieur mais proche de 2 %.

Conformément à cette doctrine, après une baisse en 2003, puis une stabilité durant deux ans et demi, les taux directeurs de la BCE sont ajustés à la hausse le 1er décembre 2005. Le mouvement se poursuit en 2006 à cinq reprises, puis de nouveau à deux reprises en 2007 : le taux des opérations principales de refinancement est alors fixé à 4 % ; celui de la facilité de dépôt, à 3 % ; celui de la facilité de prêt marginal, à 5 %.

Quant au système de paiement à règlement brut en temps réel TARGET2, il est lancé le 19 novembre 2007. Développé et géré par l'Eurosystème, il permet une transmission rapide de la politique monétaire et facilite les opérations de paiement entre les établissements de crédit de la zone euro.

3. **L'action de la Banque de France à l'échelle nationale.** – Si la stratégie monétaire est désormais définie dans le cadre décentralisé de l'Eurosystème, la Banque continue de remplir en toute indépendance son rôle national. Ses missions de service public portent notamment sur le traitement du surendettement des ménages, la tenue du FCC ou celle du compte du Trésor. En 2006, la Banque est chargée du secrétariat de l'Observatoire des délais de paiement. La définition et les objectifs de ces missions sont définis dans le cadre d'un contrat de service public, régulièrement renouvelé entre la Banque et l'État. Ces réalisations s'accompagnent d'une réduction importante des effectifs de la Banque. La baisse totale atteint 28,5 % sur la période 1993 à 2007 avec un effectif comptant plus de 12 000 agents à temps plein au 31 décembre 2007 contre près de 18 000 au début de la période. En particulier, un projet d'adaptation territoriale du réseau des succursales, arrêté fin 2003, tient compte des évolutions économiques et technologiques des activités, des préoccupations d'aménagement du territoire et des particularités des services rendus aux usagers. Il se traduit par la suppression de 115 succursales : en 2006, le réseau se compose de 96 succursales départementales auxquelles s'ajoutent 32 autres implantations (antennes économiques, centres de traitement fiduciaire...).

II. – Dans les turbulences de la Grande Récession

À partir de la mi-septembre 2008, la Banque et l'Eurosystème entrent dans une période de fortes turbulences économiques. En effet, la crise financière américaine dite « des *subprimes* » aboutit à la faillite de la banque d'investissement Lehman Brothers et à l'affaiblissement d'acteurs importants du système financier international. La situation économique internationale se dégrade rapidement en raison de l'érosion de la confiance des acteurs, du durcissement des conditions de crédit à l'échelle internationale et du recul des prix de l'immobilier et des cours boursiers. Le marché interbancaire est totalement bloqué au niveau mondial et donc en zone euro.

1. **L'Eurosystème durant la crise économique mondiale.** – Dès la fin de l'année 2008, l'Eurosystème décide de mesures fortes pour rétablir la stabilité financière. Si la hausse de l'inflation avait imposé un relèvement des taux directeurs en juillet 2008, sa disparition concomitante à la montée de l'incertitude financière justifie que la BCE et les autres grandes banques centrales s'engagent dans une réduction coordonnée des taux directeurs.

Entre octobre 2008 et mars 2009, l'Eurosystème les abaisse de 275 points de base au total, tout en fournissant significativement en liquidité les banques de la zone euro. En 2009, le taux d'intérêt appliqué aux opérations principales de refinancement est ainsi ramené à 1 %. En complément, l'Eurosystème étend ses mesures de soutien renforcé du crédit : fourniture de liquidité illimitée à taux fixe aux banques de la zone ; allongement de la durée maximale des opérations de refinancement ; extension de la liste des actifs admis en garantie de refinancement ; fourniture de liquidité en devises étrangères (notamment en dollars) ; achats fermes de titres adossés à des actifs comme les crédits hypothécaires (*covered bond purchase programme*

– CBPP) pour un volume de 60 milliards d'euros. En effet, il s'agit pour l'Eurosystème de fournir aux banques suffisamment de ressources pour surmonter la période temporaire de tensions économiques, car la faillite d'établissements bancaires est très coûteuse pour le financement de l'économie.

En parallèle, en octobre 2008, les pays de la zone euro conviennent d'une action coordonnée pour stabiliser le secteur bancaire, notamment par le biais de la recapitalisation des banques en difficulté ainsi que par la garantie des prêts et des dépôts pour les particuliers. La conséquence en est une hausse des déficits et dettes publics, tandis que le PIB de la zone euro se contracte de 4 % en 2009.

2. **D'une crise l'autre : la crise de la dette dans la zone euro.** – À la suite de la grande crise, l'économie européenne rebondit en 2010 et 2011 avec de très grandes divergences entre pays (+ 3,9 % PIB sur un an en 2010 en Allemagne, contre + 1,9 % en France ou encore – 5,5 % en Grèce). Le Conseil des gouverneurs décide de laisser inchangés les taux directeurs aux niveaux fixés en mai 2009, du fait de l'absence d'évolution de l'inflation. Toutefois, la forte augmentation de certaines dettes publiques amène des agences de notation à dégrader les notes des pays en difficulté. De vives tensions réapparaissent sur les marchés financiers en mai 2010, résultat des préoccupations croissantes relatives à la soutenabilité des finances publiques de plusieurs pays européens, en particulier la Grèce. À cette date, l'écart de rendement entre certaines obligations souveraines de la zone euro et les emprunts d'État allemands de référence (le *spread*) atteint des niveaux inédits et interroge sur le possible démantèlement de la zone euro. Une couverture du magazine *The Economist*

représente en novembre 2011 une pièce d'euro en feu et pose la question : « *Is this really the end?* »

Devant de telles difficultés, la BCE, présidée par l'Italien Mario Draghi à partir du 1er novembre 2011, décide de plusieurs actions dites « non conventionnelles » pour limiter les effets que les tensions à l'œuvre au sein des marchés financiers peuvent avoir sur l'offre de crédit aux ménages et aux entreprises. À cet égard, elle garantit que les banques ne subissent pas de contraintes de liquidité :

(1) en réactivant le programme temporaire pour les marchés de titres (*securities markets programme* – SMP) lancé en 2010 et qui permet à l'Eurosystème d'acheter certains titres de dette souveraine de la zone euro à la faveur d'interventions sur les marchés ; l'Eurosystème achètera ainsi au total 220 milliards d'euros de titres émis par le Portugal, l'Irlande, l'Italie, la Grèce et l'Espagne (ces interventions sont stérilisées, au sens où elles n'affectent pas le niveau de liquidité global) ;

(2) en lançant un second programme d'achat d'obligations sécurisées (CBPP2), programme qui permet à l'Eurosystème d'acheter des obligations émises par des banques et des entreprises pour un montant total de 16 milliards d'euros ;

(3) en fournissant de la liquidité en devises étrangères ;

(4) en maintenant les opérations de refinancement à plus long terme (*longer-term refinancing operations* – LTRO) tout en étendant les critères d'éligibilité des garanties ;

(5) en réduisant le taux des réserves obligatoires à 1 %.

Il convient de ne pas sous-estimer la rupture majeure que constitue le recours aux politiques non conventionnelles. Ces mesures ont progressivement permis de faire retomber les craintes liées à l'instabilité du secteur bancaire et à réduire les tensions sur le marché de la dette souveraine, offrant ainsi la possibilité aux États de se financer sans surcoût injustifié. La confrontation entre la mise en œuvre de ces politiques et le principe d'interdiction du financement monétaire cause des frictions au sein même du Conseil des gouverneurs. Axel Weber, président de la Bundesbank, émettra notamment de vives critiques contre le SMP durant l'année 2010.

En parallèle, avec le traité sur la stabilité, la coordination et la gouvernance (TSCG) signé le 2 mars 2012, les États membres s'accordent sur un nouveau pacte budgétaire et sur le renforcement des outils de stabilisation pour la zone euro, avec notamment la création d'un mécanisme européen de stabilité (MES) et des mesures pour affronter les difficultés exceptionnelles rencontrées par la Grèce. Cette réforme fait suite au *six-pack*, un ensemble de cinq règlements et d'une directive adoptés en octobre 2011. Cette crise des dettes souveraines impose en effet d'approfondir l'UEM afin d'assurer une meilleure coordination économique et monétaire. En 2013, cinq pays européens sont soutenus par un programme d'assistance financière proposé conjointement par le FMI, l'UE et la BCE (surnommés « Troïka ») : la Grèce (2010), l'Irlande (2010), le Portugal (2011), l'Espagne (2012) et Chypre (2012). En contrepartie de l'aide financière octroyée, ces pays s'engagent à mettre en œuvre d'importantes réformes d'assainissement de leurs finances publiques, afin de retrouver une croissance économique durable et une situation soutenable de leurs comptes publics. Ces programmes, qui ont soutenu temporairement les pays les plus durement touchés et qui ont pris progressivement fin à partir de 2014, ont assuré la stabilité de la zone euro. La BCE se verra critiquée pour sa participation à la Troïka. Un rapport du Parlement européen de 2014 dénoncera notamment le manque de transparence dans son rôle de conseiller technique. Pour la Grèce en particulier, la sortie du programme fut plus longue (2018) et l'Eurosystème dut soutenir le système bancaire grec à travers la fourniture de liquidités d'urgence (ELA). Le film *Adults in the Room* de Costa-Gavras (2019) symbolisera l'opposition politique aux mesures de consolidation budgétaire demandées par la Troïka à la Grèce en 2015.

Au pic des tensions, en juillet 2012, le président de la BCE prononce un discours marquant : « Dans le cadre de notre mandat, la BCE est prête à faire tout ce qu'il faudra pour préserver l'euro. Et, croyez-moi, ce sera suffisant[1]. » Il s'agit pour la BCE d'ancrer l'idée qu'elle ne permettra pas que la hausse des taux souverains entrave la transmission de sa politique monétaire. Dans le même temps, le Conseil des gouverneurs se déclare prêt à procéder à des opérations monétaires sur titres (OMT), c'est-à-dire à l'acquisition de titres de dette souveraine sur les marchés secondaires, dès lors qu'il jugera le mécanisme de transmission de la politique monétaire sévèrement perturbé. Ces achats auraient lieu, si nécessaire, sur des titres souverains de plus court terme et de moindre qualité que dans le cadre du SMP. Ces mesures innovantes n'ont finalement pas à être mises en œuvre, leur seule annonce ayant eu l'effet escompté sur les marchés financiers. Cette allocution de Mario Draghi et les annonces qui ont suivi permettent une baisse durable des tensions sur le marché de la dette européenne.

---

1. « *Within our mandate, the ECB is ready to do whatever it takes to preserve the euro. And believe me, it will be enough* » (Mario Draghi, 16 juillet 2012 ; nous traduisons).

L'OMT fut toutefois contesté devant le juge allemand par des groupes de pression qui considéraient que l'acquisition d'obligations souveraines en grandes quantités risquait d'inciter les États de la zone euro à des dépenses publiques déraisonnables. La Cour de justice de l'UE (CJUE), vers laquelle le contentieux avait été renvoyé, considéra dans un arrêt P. Gauweiler du 16 juin 2015 que le programme des OMT n'était pas contraire à l'interdiction du financement monétaire dès lors qu'il était assorti d'une série de garanties destinées à limiter ses effets sur l'incitation à mener une politique budgétaire saine.

Finalement, le bilan de l'action de l'Eurosystème durant cette période s'est révélé positif. Selon l'économiste Lucrezia Reichlin :

> La BCE a été proactive pendant la plus grande partie de la crise et a mis en œuvre des politiques qui n'étaient pas différentes en principe (bien qu'elles aient différé par leur forme opérationnelle) de celles d'autres banques centrales. Cependant, ces politiques n'ont pas toujours été efficaces. Quand elles ne l'étaient pas, c'est parce qu'elles n'avaient pas l'appui clair des autorités fiscales de la zone euro, c'est-à-dire des gouvernements[1].

3. **La zone euro face au risque de la déflation.** Malgré les mesures audacieuses proposées par l'Eurosystème, l'inflation en zone euro passe sous la cible des 2 % en 2013. Elle reste sous ce niveau jusqu'en 2020 et atteint un plancher à 0,2 % en 2015. Durant cette période, la BCE craint que la zone euro n'entre dans une période de déflation, synonyme d'attentisme économique et de récession. Pour cette raison, les taux

1. Lucrezia Reichlin, *La Banque centrale européenne et la crise de l'euro*, Paris, Collège de France / Fayard, 2019, p. 19.

directeurs sont à nouveau abaissés. Le taux des opérations principales de refinancement est fixé à 0,25 % fin 2013 puis à 0,05 % en septembre 2014 pour aboutir à 0 % de mars 2016 à juillet 2022. Le taux de dépôt au jour le jour entre même en territoire négatif à partir de juin 2014 : en d'autres termes, les établissements de crédit doivent payer leur banque centrale pour pouvoir y déposer des fonds en fin de journée. Le taux de prêt marginal diminuera, lui, de 1 % en 2013 à 0,25 % avant la remontée de 2022 (voir figure p. 79).

Les taux directeurs ne pouvant plus diminuer en deçà de la « borne du taux zéro », les mesures non conventionnelles sont étendues. Le Conseil des gouverneurs fournit en juillet 2013 des indications sur l'orientation de la politique monétaire (*forward guidance*), annonçant prévoir que les taux directeurs de la BCE restent à leurs niveaux actuels ou à des niveaux plus bas sur une période prolongée. Il s'agit d'ancrer plus solidement les anticipations des marchés, souvent autoréalisatrices : les anticipations d'inflation stimulent la consommation… et provoquent donc l'inflation qu'elles avaient anticipée. De surcroît, la BCE annonce en septembre 2014 et mars 2015 une large palette de mesures : achats de titres et d'obligations sécurisées puis de titres du secteur public (*public sector purchase programme* – PSPP) ; introduction d'une série d'opérations de refinancement à plus long terme ciblées (TLTRO). Ces mesures visent à continuer d'offrir une orientation monétaire accommodante, favorisant ainsi l'octroi de crédits à l'économie réelle et la reprise dans la zone euro.

À nouveau, le PSPP est porté devant la CJUE par l'intermédiaire des juridictions allemandes. La cour, dans un arrêt H. Weiss du 11 décembre 2018, constate tout d'abord que le programme PSPP ne dépasse pas le mandat de la BCE puisqu'il relève du domaine de la politique monétaire pour laquelle l'UE dispose d'une compétence exclusive et respecte le principe de proportionnalité. Elle constate ensuite que le programme PSPP ne viole pas l'interdiction du financement monétaire, dans la mesure où il n'équivaut pas à l'acquisition d'obligations sur les marchés primaires et n'a pas pour effet de soustraire les États à l'incitation à conduire une politique budgétaire saine.

Cet ensemble de mesures, innovant et audacieux, parfois résumé sous l'expression « *quantitative easing* » (« assouplissement quantitatif » ; voir *infra*, p. 81), atteint progressivement le but fixé par l'Eurosystème, à savoir l'amélioration de la confiance des acteurs économiques, le redressement des anticipations d'inflation, et le raffermissement de la reprise économique au sein de la zone euro. Les mesures sont prolongées en 2016, le Conseil des gouverneurs décidant d'élargir l'achat de titres (*assets purchase programme* – APP), tant en termes de volume que de composition (introduisant pour la première fois des obligations d'entreprise), et de lancer une nouvelle série de TLTRO. En 2017 puis 2018, le Conseil des gouverneurs décide de continuer sur la même voie d'assouplissement monétaire, mais avec un rythme d'achat d'actifs progressivement réduit. Décembre 2018 marque un premier point d'inflexion dans cette politique : le Conseil des gouverneurs met un terme aux achats nets d'actifs au titre de l'APP. Néanmoins, la politique monétaire a maintenu le degré élevé de soutien monétaire, grâce au volume considérable d'actifs acquis et par les réinvestissements correspondants. Fin 2018, la taille du bilan de la BCE atteint 4 700 milliards d'euros (voir figure p. 83).

Considérées dans leur ensemble, les mesures de politique monétaire introduites par la BCE durant cette période ont eu des répercussions positives significatives sur les performances économiques de la zone euro. L'effet global sur la croissance du PIB en volume et l'inflation de la zone euro serait, dans les deux cas, proche de 1,9 % en cumul entre 2016 et 2020.

4. **La Banque de France pendant les crises.** – Dans ce contexte tumultueux, la Banque consacre une très grande partie de ses moyens à ses missions de politique monétaire. S'y ajoutent les missions d'expertise et de soutien aux acteurs économiques. En effet, la diversité de ses activités lui permet d'avoir une large palette de compétences et de disposer d'une richesse d'information sur l'économie entière. Un exemple est l'implication du réseau dans la gestion de la crise au niveau local ou la contribution au diagnostic économique et financier. La crise a ainsi permis de renforcer l'audience de la Banque auprès des pouvoirs publics.

La Banque s'est notamment vu confier, en 2009, 2013 puis 2016, le secrétariat de l'Observatoire de l'épargne réglementée pour suivre la mise en œuvre de la généralisation du livret A, la présidence de l'Observatoire de l'inclusion bancaire pour suivre l'accès et l'usage des services bancaires, puis celle de l'Observatoire de la sécurité des moyens de paiement. En 2017, le service OPALE développé par la Banque permet de réaliser une évaluation de la situation financière des TPE-PME à partir des données de l'entreprise et de celles de son secteur d'activité. En 2018, la Banque de France reprend la mission de médiation du crédit entre les entreprises et leurs banques.

Alors que François Villeroy de Galhau remplace Christian Noyer comme gouverneur le 1er novembre 2015, la Banque réussit l'émission du billet de 20 euros de la série « Europe » après celle des coupures de 5 et 10 euros. Elle fait partie des sept imprimeurs retenus et forme en un an plus de 26 000 professionnels à la reconnaissance de la nouvelle coupure, accompagnant les acteurs de la filière dans l'adaptation des automates. Suivent en 2017 l'impression des coupures de 50 euros, puis en 2019 celle de 100 et 200 euros. En 2015, la Banque filialise sa papeterie en créant la société Europafi.

Enfin, en 2016, la Banque s'est vu confier une nouvelle mission, celle d'opérateur de la stratégie nationale d'éducation économique, budgétaire et financière (EDUCFI) des publics. Elle conduit plusieurs actions dont certaines formations pour des enseignants, des travailleurs sociaux et la mise à disposition de ressources pédagogiques variées. Sur cette thématique, la Cité de l'économie et de la monnaie (Citéco) a été inaugurée le 15 mai 2019.

Durant cette période, les services connaissent une réorganisation. En premier lieu, la création de l'ACPR (voir *infra*, p. 101), en 2010, a nécessité la mise à disposition très rapide de ressources humaines et logistiques significatives. Ensuite, la transformation du réseau a permis, durant la décennie, de concilier la volonté de la Banque d'être durablement présente et visible sur tout le territoire avec le souci d'améliorer l'efficacité de ses activités : le maintien d'une succursale dans chaque département permet un accès facile du public aux services de la Banque, tout en concentrant une partie de l'activité, notamment fiduciaire, dans certains pôles à travers tout le territoire.

III. – La construction du système européen de surveillance financière

En pleine crise financière mondiale, le sommet du G20 qui se tient à Londres en avril 2009 marque une étape importante en créant le Conseil de stabilité financière (CSF). Le sommet impulse la dynamique nécessaire à une réforme de grande ampleur de la régulation financière. Il s'appuie notamment sur le rapport publié en février 2009 par le groupe de haut niveau présidé par Jacques de Larosière, ancien gouverneur de la Banque de France de 1987 à 1993. Ce rapport formule un ensemble de recommandations et plaide en faveur d'un nouveau cadre institutionnel de l'UE relatif à la surveillance financière.

Il s'agissait dans un premier temps de renforcer les normes. Une étape décisive, en 2013, est la mise en œuvre des nouvelles normes internationales du Comité de Bâle sur le contrôle bancaire en matière de fonds propres et de liquidité (Bâle III) par l'adoption des textes européens sur les exigences de fonds propres : *capital requirements regulation* (CRR) et *capital requirements directive* (CRD IV). Ces dispositions constituent un corpus réglementaire unique en UE, garantissant ainsi le respect de l'égalité de traitement des acteurs financiers et renforçant l'intégration financière en Europe.

Au-delà des normes, il convenait de renforcer aussi le pouvoir des autorités de surveillance. Ainsi, l'Union bancaire est créée en 2014 afin de s'assurer que les plus grandes banques de la zone euro ne tombent pas en faillite ou ne nécessitent pas d'être renflouées par de l'argent du contribuable, comme cela a été le cas en 2008 et 2009. Cette union repose sur un mécanisme de surveillance unique (*single supervisory mechanism* – SSM), auquel participent la BCE et les autorités de supervision nationales, ainsi que sur un mécanisme de résolution unique (*single resolution mechanism* – SRM). Sur le plan national, l'ACPR, participe aux travaux du SSM et du SRM.

Dans un autre domaine des marchés financiers, l'UE s'est dotée à partir de 2012 d'un cadre commun en matière d'agrément et de surveillance des contreparties centrales et des référentiels centraux. Ces infrastructures de marché, souvent privées, veillent au bon fonctionnement et à la sécurité des échanges sur les marchés financiers. En outre, depuis 2015, la nouvelle infrastructure de l'Eurosystème, TARGET2-Titres (T2S), propose le règlement-livraison de titres en monnaie de banque centrale. L'ensemble du projet a été géré par la Banque de France, la Bundesbank, la Banca d'Italia et le Banco de España, et contribue à renforcer l'intégration financière tout en ouvrant la voie à un véritable marché unique européen. En complément, le service de règlement de paiement instantané de TARGET (TIPS) est lancé 2018 (voir *infra*, p. 107) et garantit un règlement des paiements 24 heures sur 24 en moins de dix secondes dans l'ensemble de l'Europe.

IV. – De nouveaux défis

La nomination de la Française Christine Lagarde, ancienne ministre de l'Économie et directrice du FMI, le 1er novembre 2019, comme présidente de la BCE, correspond à un nouveau chapitre de l'histoire de l'Eurosystème et de la Banque de France. L'économie de la zone euro subit, dans les mois suivants, le sévère choc de la pandémie de Covid-19. Les mesures de confinement mises en place et l'aversion accrue pour le risque entraînent une forte contraction de l'activité économique au premier semestre 2020. Cet événement fait presque passer au second plan le Brexit, alors même que la sortie du Royaume-Uni de l'UE cause une multitude de difficultés sur les marchés financiers européens dépendants de la City, notamment pour les chambres de compensation ou le marché des changes.

Dans l'objectif de contrer les effets négatifs de la pandémie sur l'économie de la zone euro, la BCE assouplit nettement l'orientation de sa politique monétaire : programme, inédit et temporaire, d'achats d'urgence face à la pandémie (*pandemic emergency purchase programme* – PEPP) ; élargissement des critères d'éligibilité des actifs et des garanties ; nouvelles opérations de refinancement à long terme. Il s'agit de stabiliser les marchés, tout en aidant à faire face aux graves risques que la pandémie faisait peser sur le mécanisme de transmission monétaire, les perspectives économiques de la zone et l'objectif de stabilité des prix de la BCE. La taille du bilan de l'Eurosystème a atteint un point haut historique de 8 800 milliards d'euros en juin 2022, soit un quasi-doublement en quelques mois (voir figure p. 83).

La nouvelle stratégie de politique monétaire de l'Eurosystème

Le 8 juillet 2021, la BCE publie sa nouvelle stratégie de politique monétaire. Cette évaluation prend en compte les défis structurels auxquels la zone euro a été confrontée depuis la revue de 2003 :
– Le Conseil des gouverneurs adopte une cible d'inflation symétrique de 2 % à moyen terme, soulignant que les écarts négatifs et positifs par rapport à cette cible sont également indésirables. Il s'agit alors d'éviter que les écarts négatifs par rapport à la cible d'inflation ne prennent un caractère persistant, au prix éventuellement d'une période transitoire d'inflation légèrement supérieure à l'objectif.
– Le Conseil déclare que l'instrument premier de sa politique monétaire reste les taux directeurs, mais il confirme qu'il utilisera également et de manière durable si besoin

tous les autres outils à sa disposition. De plus, il envisagera, si nécessaire, de nouveaux instruments.
Le Conseil s'engage, dans le cadre du mandat de la BCE, à prendre en compte les incidences du changement climatique et de la transition vers une économie sobre en carbone.

Dans ce contexte sanitaire, la Banque de France participe à la constitution d'un comité de crise des délais de paiement afin de désamorcer une tendance à la cessation ou au retard de paiement. Le volume mensuel de dépôts des dossiers de surendettement a connu une augmentation temporaire, avant de très nettement refluer pour atteindre son plus bas niveau historique à la sortie de la crise.

La fin d'année 2021 et l'année 2022 sont marquées par l'apparition d'une inflation exceptionnellement élevée (10,6 % sur un an en octobre 2022 dans la zone euro et 7,1 % en France ; 5,5 % et 5,3 % en juin 2023), dans un contexte d'invasion russe de l'Ukraine et d'effets durables de la pandémie. D'abord perçue comme transitoire, l'inflation s'est installée durablement, imposant au Conseil des gouverneurs de relever ses taux d'intérêt directeurs pour la première fois en onze ans au mois de juillet 2022, avant de poursuivre ce resserrement lors de ses réunions suivantes en procédant à une série d'une dizaine de hausses : le taux des opérations de refinancement, fixé à 0 % avant juillet 2022, se retrouve à 4,50 % en octobre 2023, taux inédit dans l'histoire de l'institution. En parallèle, l'Eurosystème met un terme aux achats d'actifs dans le cadre du PEPP puis de l'APP. En mars 2023, il commence à réduire le portefeuille de titres détenus à des fins de politique monétaire.

CHAPITRE IV

Une organisation au plus près des métiers

Pour mener à bien ses différentes missions, la Banque de France s'appuie sur les multiples compétences de ses agents et de ses métiers, qu'ils travaillent au siège ou dans les succursales : économistes, contrôleurs bancaires, juristes, analystes financiers, opérateurs sur monnaie fiduciaire…

I. – Les organes dirigeants et les instances consultatives

1. **Le gouvernement de la Banque de France.** – C'est un « gouverneur » qui assure la direction de la Banque, et préside le conseil général. Haut fonctionnaire souvent issu de l'Inspection générale des finances ou de la Direction générale du Trésor, il est nommé par décret en Conseil des ministres pour un mandat de six ans, renouvelable une fois. Le gouverneur exerce également la présidence de l'ACPR, de l'Observatoire de l'inclusion bancaire et de l'Observatoire de la sécurité des moyens de paiement. Il est membre du Haut Conseil de stabilité financière (HCSF), associé aux travaux de nombreux organismes internationaux, tels que la Banque des règlements internationaux (BRI), le G7 ou le Comité de Bâle pour la supervision bancaire, et

il adresse au président de la République, une fois l'an, un rapport sur les opérations de la Banque.

Le statut du gouverneur de la Banque est protégé afin d'assurer l'indépendance de l'institution conformément à l'article 130 TFUE. Les organes de l'UE, les gouvernements des États membres de l'UE et les acteurs privés ne doivent donc pas chercher à l'influencer dans l'accomplissement de ses missions. C'est la raison pour laquelle un gouverneur ne peut être relevé de ses fonctions que s'il ne remplit plus les conditions nécessaires à leur exercice ou s'il a commis une faute grave.

Il est assisté de deux sous-gouverneurs, disposant chacun d'un domaine d'intervention particulier. La tradition veut que l'un des deux sous-gouverneurs ait effectué sa carrière dans la Banque. Ils participent ensemble au comité de direction, qui assure la gouvernance opérationnelle de la Banque et qui réunit, en plus du gouverneur et des sous-gouverneurs, les directeurs généraux, ainsi que le président de l'IEDOM, également directeur général de l'IEOM.

2. **Le conseil général.** – Créé par la réforme de 1936, le conseil général exerce l'essentiel des fonctions d'un conseil d'administration : il délibère sur les activités exercées par la Banque, les statuts du personnel ou l'emploi des fonds propres. Il est composé de onze membres : le gouverneur et les sous-gouverneurs, quatre membres nommés par les présidents du Sénat et de l'Assemblée nationale, et deux membres nommés par le président de la République. Un censeur, représentant le ministère des Finances, participe aux réunions du conseil. Enfin, le conseiller général représentant le personnel est élu par les agents de la Banque.

Issu du conseil général, le comité d'audit rend compte des questions relatives à l'information financière, à l'audit interne et externe et à la maîtrise des risques. Le comité des rémunérations examine les rémunérations des hauts dirigeants de la Banque.

II. – L'organisation administrative

1. **Les services centraux.** – Le *secrétariat général* (SG) assume une mission de coordination et de gestion des moyens administratifs et financiers (budget, achats, immobilier, RSE...). En son sein, la direction des services juridiques, créée sous la forme d'un bureau du contentieux en 1848, a un rôle de conseil indépendant pour la direction et l'ensemble des services de la Banque dans les différents domaines du droit. Le SG assure aussi la communication interne et externe de l'institution, ainsi que l'élaboration des plans stratégiques pluriannuels (« Construire ensemble 2024 » pour la période 2021-2024).

La *direction générale des ressources humaines* (DGRH) est chargée du recrutement et de la promotion des collaborateurs. Elle s'assure de leur engagement à travers des parcours diversifiés et fait évoluer leurs compétences grâce à l'université Banque-de-France. Elle valorise la « marque employeur » et conduit le dialogue social au nom de la Banque.

La *direction générale du système d'information* (DGSI) gère les systèmes informatiques de la Banque, les accès à ceux-ci, conçoit et met en production des applications. Elle gère aussi la plate-forme de données, qui fournit des services d'acquisition, de partage, ainsi que des capacités d'analyse et de visualisation des données de la Banque. En son sein, le Lab, centre d'innovation de la Banque de France, est l'outil d'anticipation, d'exploration technologique et de construction des offres innovantes.

La *direction générale de la stabilité financière et des opérations* (DGSO) met en œuvre la politique monétaire, conduit les opérations de change, gère les réserves et garantit le bon fonctionnement des systèmes de paiement. Elle est chargée de la stabilité financière pour la Banque, en lien avec l'ACPR au sein du pôle de stabilité financière.

La *direction générale des statistiques, des études et de l'international* (DGSEI) élabore des statistiques financières, analyse la situation économique et établit des prévisions trimestrielles sur l'activité et les prix. Elle coordonne aussi la préparation des réunions internationales et européennes auxquelles participe la Banque (Conseil des gouverneurs, Conseil de l'UE en version « ECOFIN », G7, G20, FMI…).

La *direction générale des services à l'économie et du réseau* (DGSER) assure le pilotage du réseau de succursales de la Banque, gère la cotation des entreprises et le suivi de leur financement, accompagne les TPE, les PME et les *start-up*, et rend des services aux particuliers (surendettement, droit au compte, fichiers d'incidents). Elle met en œuvre la stratégie nationale d'éducation financière.

La *direction générale des moyens de paiement* (DGMP) « a pour mission d'assurer l'entretien de la monnaie fiduciaire et de gérer la bonne qualité de sa circulation sur l'ensemble du territoire », selon le Code monétaire et financier. Elle surveille les moyens de paiement scripturaux et conduit des études sur la monnaie, par exemple sur la mise en place d'une monnaie numérique de banque centrale : l'euro numérique.

Le *contrôle général* (CG) assume les missions de maîtrise des risques et de contrôle permanent de la Banque. L'Inspection générale, corps indépendant, réalise des missions d'audit interne dans les succursales et les autres directions générales, mais aussi des contrôles sur place dans les établissements bancaires, pour le compte de l'ACPR ou de la BCE.

Issue de la fusion entre la Commission bancaire et l'Autorité de contrôle des assurances et des mutuelles en 2010, l'ACPR est, juridiquement, une autorité « adossée » à la Banque : ainsi, le personnel de la première est mis à la disposition de la seconde. L'ACPR organise le contrôle permanent des établissements de crédit et des assurances, et réalise des études sur le secteur financier.

Enfin, la Banque s'est dotée, en 2002, d'une *délégation à la déontologie*, rattachée directement au gouverneur. Elle réalise des contrôles sur les opérations financières privées de certains agents, afin de prévenir les conflits d'intérêts, ou pour vérifier une éventuelle incompatibilité en cas de départ d'un agent vers le secteur privé.

2. **Le réseau de succursales.** – Constitué progressivement au cours de l'histoire de la Banque, jusqu'à atteindre le nombre de 260 implantations en 1928, le réseau des succursales a nettement diminué depuis les années 2000, principalement du fait de la réduction de l'usage des espèces. Il compte aujourd'hui 95 succursales, avec au minimum une implantation dans chaque chef-lieu de département, ainsi que, lorsque la densité du tissu d'entreprises l'exige, dix antennes économiques. Des conseils consultatifs départementaux, composés de représentants d'entreprises, donnent aux directeurs des succursales de la

Banque une vision précise de la situation économique locale.

3. **Les organismes rattachés à la Banque.** – L'IEDOM a été créé en 1959. Depuis 2017, il est une filiale de la Banque, dont il exerce les missions dans les neuf départements et collectivités d'outre-mer où circule l'euro (La Réunion, Mayotte, Guyane, Guadeloupe, Martinique, Saint-Barthélemy, Saint-Martin, Saint-Pierre-et-Miquelon et les Terres australes et antarctiques françaises). L'IEOM, créé en 1966, est un établissement public qui assure le rôle de banque centrale dans les collectivités ayant pour monnaie le franc Pacifique (Nouvelle-Calédonie, Polynésie française, Wallis et Futuna).

Europafi, filiale de la Banque créée en 2015, est le premier pôle public papetier de l'Eurosystème. Elle produit du papier fiduciaire pour ses actionnaires : la Banque et trois autres banques centrales (Banca d'Italia, Banco de Portugal et l'Oesterreichische Nationalbank), mais aussi pour d'autres imprimeurs de la zone euro ou pour le reste du monde.

BDF Gestion est la filiale de gestion d'actifs de la Banque, gérant une gamme variée d'organismes de placement collectif et des mandats individualisés pour compte d'investisseurs institutionnels.

III. – Le statut juridique et comptable

Personne publique *sui generis*, la Banque est régie par les dispositions du Code monétaire et financier. Selon son article L. 141-1, la Banque « fait partie intégrante du Système européen des banques centrales » qui regroupe toutes les banques centrales de l'UE. Elle participe aussi aux travaux de l'Eurosystème, qui regroupe les banques centrales des États ayant adopté l'euro. Le mandat monétaire de la Banque est donc identique à celui de l'Eurosystème. Le mandat de la Banque ne se limite toutefois pas à ses seules missions européennes et elle peut exercer également d'autres missions d'intérêt général. À la demande de l'État ou avec son accord, la Banque peut fournir des prestations pour le compte de celui-ci ou pour le compte de tiers. Ces prestations sont alors rémunérées afin de couvrir les coûts engagés.

La Banque est, comme on l'a vu, indépendante de l'État depuis la loi de 1993, et, à ce titre, il lui est interdit d'accorder des découverts ou tout autre type de crédit au Trésor ou à tout autre organisme ou entreprise publics (voir *infra*, p. 75). Les conditions dans lesquelles elle exerce ses missions sur le territoire national sont définies par un contrat de service public. Toutefois, l'État reste l'actionnaire unique de la Banque, et perçoit à ce titre un dividende en cas de bénéfice. Sur la période 2015-2021, la Banque a ainsi reversé près de 31 milliards d'euros à l'État en dividende et impôt sur les sociétés, le capital de la Banque de France se montant à 1 milliard d'euros.

IV. – Le personnel

1. **Le statut des agents.** – Le personnel est recruté selon deux modalités : par concours (les agents titulaires) et par contrat.

Les agents titulaires de la Banque relèvent d'un statut particulier, proche mais distinct de celui de la fonction publique. Leur statut précise les conditions de recrutement, définit les droits des agents (avancement, retraite…), ainsi que leurs obligations, précisées dans un code de déontologie. Ces obligations reprennent largement les obligations prévues pour les fonctionnaires (probité, impartialité, neutralité, loyauté...). La caisse de retraite des employés de la Banque est vouée à une extinction progressive à la suite de la réforme des retraites de 2023 : seuls les agents titulaires recrutés avant le 1er septembre 2023 sont encore affiliés à ce régime.

Les agents titulaires sont répartis en plusieurs catégories : agents sécurité-logistique, opérateurs sur monnaie fiduciaire, ouvriers, assistants, cadres et cadres de direction.

De façon croissante, afin notamment de pourvoir à des emplois nécessitant une technicité particulière, la Banque recrute des agents par contrat de droit privé (CDD ou CDI).

2. **Les traits caractéristiques et les évolutions récentes.** – À la fin de 2022, la Banque compte un effectif représentant 9 103 agents à temps plein, dont les trois quarts sont titulaires et un quart contractuels : 55 % dans les services centraux (siège et fabrication des billets), 34 % dans les succursales et 11 % à l'ACPR. Les effectifs ont été réduits significativement, avec une baisse de 25 % depuis 2015.

De manière générale, les agents sont fortement qualifiés, avec des conditions de diplômes pour se présenter aux différents concours, mais aussi grâce à la formation professionnelle dispensée en interne. L'effort porté sur la formation professionnelle (plus de 6 % de la masse salariale) place la Banque parmi les employeurs les plus investis en la matière.

Le personnel est proche de la parité, avec 46 % de femmes : l'index Égalité de la Banque s'élève à 98/100, démontrant le fort engagement de l'institution en faveur de l'égalité entre femmes et hommes. Elle est aussi signataire de plusieurs chartes (charte interne

« Diversité et inclusion », charte de la BCE « Égalité, diversité et inclusion », « charte de la parentalité »...).

Enfin, la pandémie de Covid-19 de 2020 a largement confirmé l'utilisation du télétravail à la Banque. Mis en place par accord d'entreprise dès 2009, le télétravail a été largement renforcé pour s'adapter aux demandes des salariés.

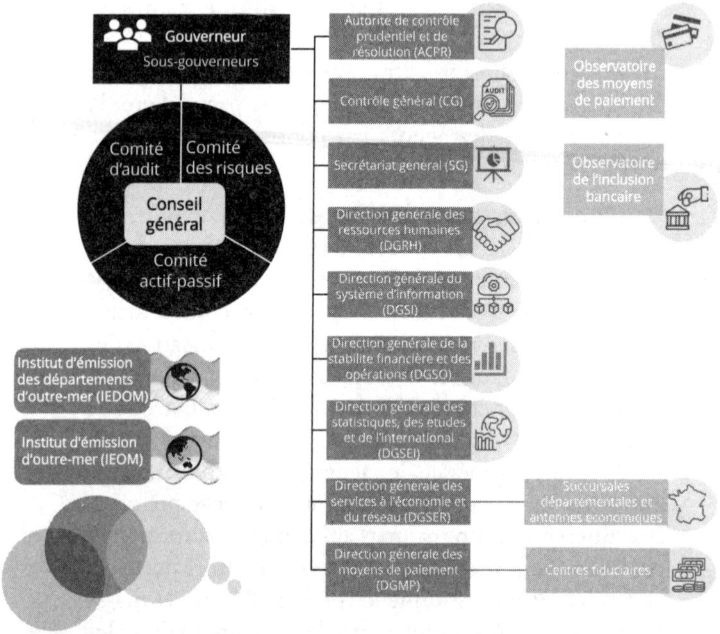

ORGANIGRAMME de la Banque de France au 1er mars 2023

CHAPITRE V

La stratégie monétaire

La politique monétaire au sens large désigne l'ensemble des moyens mis en œuvre par un État ou une autorité monétaire pour agir sur les conditions de financement de l'économie, dans l'objectif de maintenir la stabilité des prix et de garantir, *in fine*, la « bonne santé » économique du pays.

En métropole, cette mission est naturellement confiée à la Banque de France qui fait partie intégrante de l'Eurosystème et participe à l'accomplissement des missions et au respect des objectifs qui lui sont assignés par le TFUE.

En dehors de la métropole, la politique monétaire est assurée par deux institutions distinctes. D'une part, l'IEDOM, agissant au nom, pour le compte et sous l'autorité de la Banque de France et du Trésor français, joue le rôle d'institut d'émission pour les départements, régions et collectivités d'outre-mer français : La Réunion, Guadeloupe, Martinique, Guyane, Mayotte, Saint-Pierre-et-Miquelon, Saint-Martin, Saint-Barthélemy. À ce titre, il assure notamment la mise en circulation et l'entretien des billets et des pièces en euro sur ces territoires. D'autre part, l'IEOM émet ses propres billets et pièces libellés en francs CFP (« collectivités françaises du Pacifique ») en Nouvelle-Calédonie, en Polynésie française et dans les îles Wallis et Futuna. Dans ces trois collectivités, la politique monétaire est définie au niveau national en liaison avec la Banque de France, la parité du franc CFP étant fixe avec le franc français puis l'euro. Depuis le 1er janvier 1999, elle est de 8,38 euros pour 1 000 francs CFP.

I. – Le mandat de la Banque de France en matière monétaire

Le mandat dual hiérarchisé de l'Eurosystème, décrit à l'article 127 TFUE, se compose d'un objectif principal qui est le maintien de la stabilité des prix, et d'un objectif secondaire, défini comme le « soutien aux politiques économiques générales dans l'Union, en vue de contribuer à la réalisation des objectifs de l'Union ». Parmi ces derniers se trouvent le plein-emploi, une croissance économique équilibrée ou bien encore un niveau élevé de protection et d'amélioration de la qualité de l'environnement. Le mandat est dit « hiérarchisé », car la poursuite de l'objectif secondaire ne doit pas porter préjudice à l'objectif de stabilité des prix. Au demeurant, l'Eurosystème doit agir conformément au principe d'une économie de marché ouverte où la concurrence est libre, en favorisant une allocation efficace des ressources.

Afin de maintenir la stabilité des prix, inflation et déflation doivent être maîtrisées. L'inflation est la hausse généralisée et durable des prix des biens et services. La déflation est, inversement, une baisse durable et généralisée. L'inflation peut provenir de facteurs externes à un territoire, comme la hausse des prix des biens importés (par exemple les matières premières), du fait d'une crise géopolitique ou d'un taux de change moins favorable (plus une monnaie se déprécie, plus le coût des importations est élevé). Elle peut aussi provenir de facteurs internes, par exemple la hausse des salaires qui se répercute sur les prix en une boucle prix-salaires.

Une inflation importante brouille les repères de prix et peut donc perturber les décisions d'achat ou d'investissement des acteurs économiques, conduisant à une mauvaise allocation des ressources. Dans des épisodes d'hyperinflation, ces effets négatifs sont décuplés par la spirale inflationniste, les hausses de prix et de salaires se succédant à un rythme effréné. C'est la raison pour laquelle, depuis sa revue stratégique de 2021, l'Eurosystème se fixe une cible d'inflation de 2 % par an à moyen terme au niveau de l'ensemble de la zone euro, considérée comme optimale pour éviter les inconvénients d'une inflation excessive et limiter les risques de déflation.

L'une des missions centrales de la Banque est d'analyser la situation économique, monétaire et financière de la France, de la zone euro et du reste du monde, à partir de statistiques produites en interne. C'est sur cette base que la Banque peut établir des prévisions trimestrielles sur l'activité économique et les prix. Ces prévisions contiennent l'anticipation des entreprises sur l'inflation en France.

L'un des éléments importants du mandat de l'Eurosystème est l'interdiction du financement monétaire. En effet, l'article 123 TFUE interdit aux membres de l'Eurosystème « d'accorder des découverts ou tout autre type de crédit aux institutions, organes ou organismes de l'Union, aux administrations centrales, aux autorités régionales ou locales, aux autres autorités publiques, aux autres organismes ou entreprises publics des États membres ; l'acquisition directe, auprès d'eux, par la Banque centrale européenne ou les banques centrales nationales, des instruments de leur dette est également interdite ». Cette interdiction très stricte est imposée pour éviter une situation de « dominance budgétaire » dans laquelle les banques centrales se verraient obligées de financer les déficits publics des États au détriment de la stabilité des prix.

II. – Les outils de mise en œuvre de la politique monétaire

La politique monétaire d'un pays s'est longtemps limitée à la gestion de sa masse monétaire, définie comme la quantité de monnaie en circulation dans l'économie. Cette masse est mesurée par des agrégats monétaires classés par ordre de liquidité décroissante, de M0 à M3.

M1 correspond aux formes de monnaie les plus liquides : la monnaie fiduciaire (billets et pièces en circulation) ainsi que la monnaie scripturale (monnaie inscrite sur un compte bancaire) qui peut être immédiatement utilisée grâce à des moyens de paiement. Avec M2 s'ajoutent les dépôts rémunérés (livrets, comptes d'épargne-logement…), tandis que M3 recouvre, en plus de M2, des instruments financiers souscrits par des épargnants et investisseurs pour une durée inférieure à deux ans. Enfin, la base monétaire ou monnaie de banque centrale (M0) est constituée par la monnaie fiduciaire, à laquelle s'ajoutent les réserves que les banques commerciales déposent auprès de la banque centrale, ainsi que les facilités de dépôt. Lorsque l'expression « planche à billets » est employée, elle désigne cette création de monnaie fiduciaire ou plus largement de monnaie de banque centrale.

La relation entre quantité de monnaie et inflation, base de la théorie quantitative de la monnaie, se vérifie sur le très long terme. Cependant, une cible de croissance de la quantité de monnaie en circulation ne s'avère généralement pas un outil suffisant pour piloter la politique monétaire, notamment en raison de la volatilité des taux d'intérêt qu'elle implique et de l'instabilité de la demande de monnaie sur laquelle repose le lien entre masse monétaire et inflation. C'est la raison pour laquelle la prise en compte de ces agrégats dans la politique monétaire fait place à des analyses économiques et financières plus larges.

Les outils à la disposition des autorités monétaires sont généralement séparés en outils de politique monétaire conventionnelle, c'est-à-dire les outils traditionnels des banques centrales, et, depuis la crise de 2008, en outils de politique monétaire non conventionnelle, qui agissent à travers différents canaux.

1. **Les canaux de transmission.** – On parle de « canaux de transmission » pour désigner les mécanismes qui interviennent dans l'action d'une banque centrale et les effets de cette action sur les prix.

Le *canal des taux d'intérêt* permet d'influer sur les taux d'intérêt de l'économie. Lorsque la banque centrale augmente son taux directeur, les banques commerciales répercutent cette augmentation sur les taux des crédits qu'elles accordent à leurs clients, ce qui freine leur consommation et leurs investissements. L'activité économique ralentit, l'inflation diminue.

Le *canal des prix d'actifs* mesure l'effet d'une variation des taux d'intérêt sur le prix de certains actifs. Par exemple, une baisse du taux directeur rend certains produits financiers moins attractifs (par exemple, les obligations). Les investisseurs vont alors se concentrer sur d'autres actifs dont le cours va monter (par exemple, les actions). Les détenteurs de ce type de titres financiers vont voir leur richesse s'accroître, ce qui peut les pousser à augmenter leur consommation (il s'agit de l'« effet richesse »).

Le *canal du taux de change* joue sur le prix de la monnaie par rapport aux monnaies étrangères. Dans le cas d'une baisse du taux directeur, les activités dans cette monnaie deviennent moins attractives pour les investisseurs étrangers, entraînant une baisse du taux de change. Le prix des produits importés augmente alors, ce qui tend à accroître l'inflation. L'Eurosystème n'a pas d'objectif de taux de change pour l'euro, qui flotte librement.

Le *canal des anticipations* permet, grâce à une action claire et crédible de la banque centrale, d'aider les entreprises et les ménages à anticiper correctement les évolutions futures des taux d'intérêt et à adapter en conséquence leurs décisions économiques.

2. **Les outils de politiques monétaires conventionnelles.** – Le principal outil conventionnel de politique monétaire est le taux directeur. Il s'agit du taux d'intérêt fixé par une banque centrale pour les services qu'elle offre aux établissements de crédit. Le taux directeur influence le taux d'intérêt auquel les banques commerciales prêtent à leur tour à leurs clients (ménages ou entreprises).

Dans la zone euro, trois taux directeurs sont utilisés :

(1) les opérations principales de refinancement permettent aux banques commerciales d'emprunter à la banque centrale des liquidités pour une durée d'une semaine. Le taux d'intérêt de ces opérations est le principal taux directeur ;

(2) la facilité de prêt marginal permet aux banques commerciales, en cas de besoin urgent de liquidité, d'emprunter pour 24 heures à la banque centrale, à un taux plus élevé ;

(3) la facilité de dépôt permet au contraire aux banques commerciales qui disposent d'un excédent de liquidités de le déposer pour 24 heures auprès de la banque centrale, qui les rémunérera à un taux plus faible.

Une banque commerciale qui ne souhaiterait pas emprunter auprès de sa banque centrale peut emprunter auprès d'autres banques commerciales sur le marché interbancaire. En zone euro, le taux à 24 heures sur ce marché (€STR pour *Euro short term rate*, qui a remplacé l'EONIA depuis 2019) s'établit selon le jeu de l'offre et de la demande. Avant 2008, le taux interbancaire était calé sur le taux des opérations principales de refinancement. Depuis la fin 2008, il est proche voire légèrement inférieur au taux de la facilité de dépôt.

Ces différents taux agissent sur l'inflation, par l'intermédiaire du coût des crédits. À partir de juillet 2022, affrontant une inflation trop forte, l'Eurosystème a augmenté à plusieurs reprises ses trois taux directeurs. Alors que le taux de la facilité de dépôt était en territoire négatif en juillet 2022, il se situe à 4 % en septembre de l'année suivante.

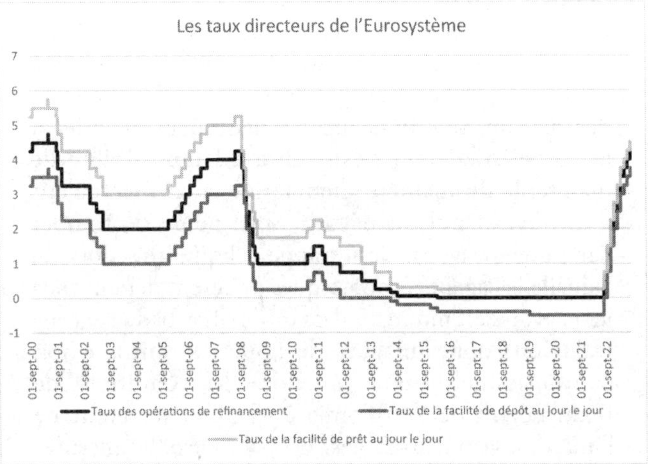

Le calibrage des réserves obligatoires est un autre outil de politique monétaire conventionnel. Il s'agit des dépôts que les banques commerciales sont tenues, sous peine de sanctions, de conserver sur leur compte auprès de leur banque centrale. Elles sont définies sur la base du bilan des banques pour une période de six à sept semaines, appelée « période de constitution ». À la fin de la période de constitution, les banques centrales peuvent, si elles le décident, rémunérer les réserves obligatoires détenues par les banques auprès d'elles. Les réserves obligatoires sont un instrument classique de politique monétaire pour les banques centrales qui peuvent jouer à la fois sur leur montant et sur leur rémunération. En zone euro, depuis septembre 2023, les réserves obligatoires ne sont pas rémunérées. Cette mesure préserve l'efficacité de la politique monétaire en assurant la pleine transmission des décisions relatives aux taux d'intérêt.

3. **Les outils de politiques non conventionnelles.** – Pour lutter contre le niveau d'inflation trop bas consécutif à la crise financière, les banques centrales ont adopté à partir de 2008 des mesures nouvelles. Ayant déjà porté les taux directeurs à des niveaux très bas, elles se heurtaient en effet à la borne inférieure, c'est-à-dire à l'impossibilité de maintenir de manière durable les taux directement à un niveau nul ou négatif, sous peine de tomber dans une situation de « trappe à liquidité », lors de laquelle les agents économiques préfèrent détenir tous leurs avoirs en monnaie. Les différentes banques centrales ont donc imaginé de nouveaux outils « non conventionnels » pour améliorer les conditions de financement de l'économie et faciliter le retour de l'inflation vers leurs cibles. En zone euro, les mesures

non conventionnelles menées par l'Eurosystème ont pris les formes suivantes :

(1) une politique de taux négatifs et un guidage des anticipations (*forward guidance*) : c'est-à-dire une stratégie de communication transparente, affirmant explicitement que les taux directeurs resteraient proches de zéro aussi longtemps que nécessaire ;

(2) un accès assoupli à la monnaie pour les banques commerciales, notamment grâce à la mise en place d'opérations ciblées de refinancement de long terme (TLTRO) : il s'agit pour les banques centrales de prêter plus facilement et à plus long terme (jusqu'à quatre ans) aux banques commerciales. L'objectif, dans un contexte de méfiance sur le marché interbancaire, est de permettre aux établissements de crédit de disposer de manière durable des fonds nécessaires au financement de l'économie ;

(3) des programmes d'achat d'actifs publics et privés (*asset purchase program*, APP), aussi appelés assouplissement quantitatif (*quantitative easing* – QE) : le QE consiste pour une banque centrale à intervenir de façon massive, généralisée et prolongée sur les marchés financiers en achetant des actifs financiers.

Les actifs peuvent être des obligations émises par les États. Dans la zone euro, ce programme d'achat, intitulé PSPP (*public sector purchase programme*), a permis à l'Eurosystème d'acquérir sur le marché secondaire (et non à l'émission sur le marché primaire, ce qui ne serait pas conforme à l'article 123 TFUE qui interdit aux banques centrales de financer les États) un volume très important de titres publics (de 15 à 80 milliards d'euros par mois de mars 2015 à décembre 2018, puis 20 milliards par mois en moyenne de novembre 2019 à juin 2022). En les achetant massivement, les banques centrales augmentent la liquidité en circulation et font baisser les taux d'intérêt de ces titres.

Les actifs peuvent aussi être des titres de dette privée (entreprises, titres sécurisés par des actifs, etc.), dans le cadre d'autres programmes (par exemple, *Asset-backed securities purchase program* – ABSPP – ou CBPP3).

Ces mesures ont été étendues lors de la pandémie de 2020. Ainsi, les conditions des opérations ciblées de refinancement de long terme ont été significativement assouplies pour soutenir le crédit à l'économie (le dispositif de garanties pour accéder aux opérations a été élargi en incluant les prêts garantis par l'État) et les volumes engagés ont été largement augmentés. En outre, l'Eurosystème a renforcé ses programmes d'achats d'actifs par un nouveau programme d'achats d'urgence pour faire face à la pandémie (*pandemic emergency purchase programme* – PEPP), utilisé à hauteur de 1 700 milliards d'euros sur une enveloppe de 1 850 milliards, consécutivement à la reprise de l'inflation à la fin de l'année 2021.

En 2022, l'action monétaire de l'Eurosystème a été marquée par l'abandon progressif des mesures non conventionnelles en place à partir de 2014. Les achats nets d'actifs ont été arrêtés et les conditions des opérations ciblées de refinancement à plus long terme ont été recalibrées, contribuant à la normalisation des coûts de financement des banques. L'Eurosystème a amorcé la réduction à un rythme mesuré et prévisible, à partir de mars 2023, du portefeuille de titres acquis dans le cadre des opérations non conventionnelles.

Évolution de la taille du bilan de l'Eurosystème

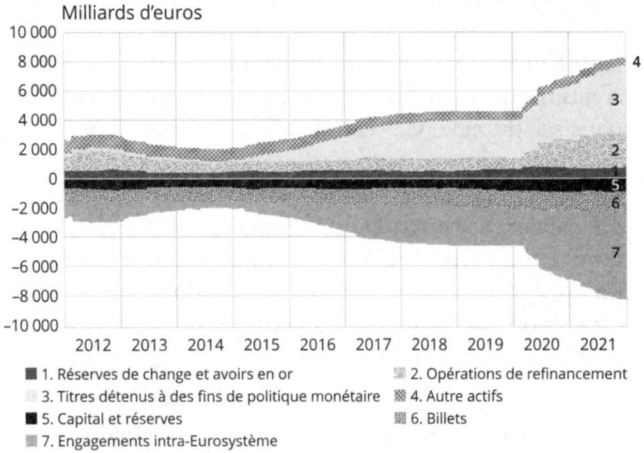

Source : Banque centrale européenne

4. **La politique monétaire dans le financement de la transition environnementale.** – Si la principale responsabilité d'action incombe aux États et aux parlements, l'état du climat concerne aussi la Banque de France. Le changement climatique a en effet des conséquences directes sur l'objectif principal de l'Eurosystème, à savoir le maintien de la stabilité des prix, et il fait partie de l'objectif secondaire de soutien aux politiques économiques générales de l'UE. En effet, le changement climatique entraîne des chocs d'offre, notamment en raison de la hausse des prix de l'énergie. L'Eurosystème devra relever le défi de stabiliser l'inflation sans perturber l'activité. En outre, le changement climatique devrait avoir des effets hétérogènes et asymétriques sur l'économie de la zone euro, rendant la formulation d'une politique monétaire unique plus difficile et son efficacité, plus différenciée selon les pays. Enfin, les évolutions réglementaires

(interdiction de certains produits ou normes de production) ou fiscales (« taxe carbone ») prises par les États ou l'UE se répercutent aussi sur les prix.

L'Eurosystème a ainsi présenté en 2021 un plan d'actions visant à inscrire le changement climatique dans sa stratégie. Ce plan d'actions comprend notamment de nouveaux critères environnementaux d'éligibilité pour les actifs que l'Eurosystème reçoit en garantie ou acquiert à l'occasion de ses opérations. Le plan vise aussi à soumettre le bilan de l'Eurosystème à des tests de résistance (*stress tests*) climatiques afin d'évaluer son exposition aux risques liés au changement climatique.

III. – Une décision collective pour une mise en œuvre décentralisée

Au sein de l'Eurosystème, le partage des compétences entre la BCE et les banques centrales nationales repose sur une prise de décision centralisée au sein du Conseil des gouverneurs de la BCE, puis sur une large décentralisation dans la mise en œuvre des décisions de politique monétaire. Il n'y a pas de politique monétaire nationale ou régionale au sein de l'Union monétaire.

1. **Les modalités de prise de décisions de politique monétaire.** – Prendre des décisions pour une zone économique aussi vaste que la zone euro est un défi politique qui a fortement mobilisé le législateur européen, résolu par un système de rotation des droits de vote. Il s'agissait en effet de maintenir un fonctionnement efficace du Conseil des gouverneurs alors même que sa composition augmentait à mesure que davantage d'États adoptaient l'euro pour monnaie.

Le Conseil des gouverneurs se réunit huit fois par an pour évaluer les évolutions économiques et prendre ses décisions de politique monétaire. Il est composé des gouverneurs des vingt banques centrales nationales de la zone euro et des six membres du directoire de la BCE. Ses décisions sont prises à la majorité simple des membres, avec prépondérance de la voix du président de la BCE en cas de partage des voix. Lors du vote, les membres du Conseil sont tenus de voter dans l'intérêt général de la zone euro et ne sont pas considérés comme représentant leur État membre, bien que leur analyse soit influencée par leur économie nationale. En pratique, les décisions du Conseil des gouverneurs sont le plus souvent consensuelles et le fruit d'un compromis entre les « colombes », partisans d'un chômage bas et d'une stimulation de la croissance, et les « faucons », en faveur d'une orthodoxie monétaire stricte, toujours dans la recherche de l'intérêt général de la zone.

Les voix des gouverneurs des banques centrales nationales sont réparties dans le cadre du système de rotation décrit à l'article 10.2 des statuts de la BCE. Ce système de rotation classe les banques centrales nationales en plusieurs groupes sur la base du PIB et de la taille du secteur financier du pays correspondant. Le gouverneur de la Banque de France, classé dans le groupe 1, vote 80 % du temps.

À noter que l'implication de la Banque de France dans les travaux de la zone euro ne se limite pas au Conseil des gouverneurs. La BCE est en effet dotée de comités qui assistent les organes de décision dans l'accomplissement de leurs tâches et rendent compte au Conseil des gouverneurs. Ces comités, par exemple le comité juridique (*legal committee* – LegCo), le comité des opérations de marché (*market operations committee* – MOC) ou le comité de politique monétaire (*monetary policy committee* – MPC), formulent des suggestions ou des propositions et préparent des études. Ils sont généralement composés de représentants de chaque banque centrale nationale et de la BCE.

2. **La mise en œuvre décentralisée des décisions.** – Le TFUE prévoit que la BCE recoure autant que possible aux banques centrales nationales pour l'exécution des opérations qui sont du ressort de l'Eurosystème. Dans ce cadre de décentralisation, la Banque de France assure sur le territoire la mise en œuvre des décisions de politique monétaire prises par le Conseil des gouverneurs. En tant qu'interlocutrice naturelle des établissements de crédit français, elle réalise les opérations de politique monétaire (programmes d'achats de titres et opérations de refinancement des banques) de manière autonome, notamment par le biais de sa propre salle des marchés, et constitue donc le point d'accès à l'euro pour les établissements de crédit qui ouvrent leurs comptes dans les livres de la Banque. En outre, elle conduit des analyses des marchés financiers et de leurs évolutions.

La Banque s'est dotée de deux bureaux de représentation et de salles des marchés à l'étranger : à New York en 2010 et à Singapour en 2020. En étroite liaison avec la salle des marchés principale de Paris, celles-ci permettent à la Banque de réaliser ses missions monétaires 24 heures sur 24.

IV. – L'euro sous toutes ses formes et la surveillance des moyens de paiement

Les moyens de paiement sont l'ensemble des instruments mis à disposition des agents économiques (particuliers, entreprises, États) pour régler leurs dépenses. On distingue les moyens de paiement dits « fiduciaires » (du latin *fides*, « confiance ») que sont les pièces et les billets, et les moyens de paiement dits « scripturaux » (cartes bancaires, chèques, virements, prélèvements), car leur usage se traduit par un jeu d'écriture entre les comptes des deux contreparties. La Banque est, d'une part, dotée du privilège d'émission des billets en euros et, d'autre part, chargée de la surveillance des moyens de paiement en général.

1. **L'émission et la circulation des billets.** – La Banque est responsable de la fabrication et de la circulation des billets. Elle est d'ailleurs le premier imprimeur public de la zone euro et dispose dans le Puy-de-Dôme (voir encadré *supra*, p. 20) d'une filiale, Europafi (voir *supra*, p. 69), qui fabrique le papier nécessaire aux billets, ainsi que d'une imprimerie qui a produit plus d'un milliard de billets en euro en 2021 (coupures de 20 et 50). Les pièces en euros ne sont pas produites par la Banque de France mais par la Monnaie de Paris, à Pessac, près de Bordeaux. Elles sont ensuite mises en circulation par la Banque pour le compte de l'État. Il s'agit d'une compétence liée aux États, raison pour laquelle chaque pièce présente une face nationale, même si le volume maximal de pièces à émettre est fixé chaque année par la BCE.

Une fois imprimés, les billets sont transférés vers les distributeurs automatiques de billets et vers les commerçants, puis utilisés par le public. En fin de cycle, la Banque effectue un tri systématique (recyclage) des billets qui reviennent à ses guichets : elle les authentifie et retire de la circulation ceux qui ne sont plus valides car trop abîmés.

La circulation totale des billets en euros représentait à la fin de 2022 un volume de 29,45 milliards de billets pour un montant de 1 572 milliards d'euros. L'émission de billets engendre pour la Banque des revenus dits « de seigneuriage », différence entre les intérêts qu'elle perçoit et ses dépenses pour fabriquer, distribuer et entretenir les billets. En effet, les établissements de crédit français doivent acheter les billets de banque à leur valeur faciale à la Banque. Pour ce faire, ils doivent généralement emprunter de l'argent auprès de la Banque ou lui céder certains de leurs actifs. Dès lors, la Banque reçoit des intérêts sur l'argent qu'elle prête ou perçoit un rendement sur les actifs qu'elle acquiert, alors que les billets qu'elle fournit ne portent, eux, aucun intérêt.

Les billets et les pièces en euros bénéficient du cours légal, ce qui signifie qu'ils ne peuvent pas être refusés par les commerçants si le consommateur souhaite payer de cette manière. En France, il appartient toutefois à l'acheteur de faire l'appoint, et les paiements en espèces sont limités à certains montants. L'objectif est de restreindre la part de transactions anonymes dans l'économie, car elles peuvent correspondre à des actions frauduleuses.

Il existe sept dénominations allant de 5 à 500 euros, aux couleurs inspirées des sept couleurs de l'arc-en-ciel. Chaque billet représente une période de l'histoire de la culture européenne (gothique, Renaissance, etc.). Au recto, un portail illustre l'ouverture de l'Europe sur le monde et, au verso, un pont symbolise le lien qui unit les peuples d'Europe. Y figure aussi un portrait de la princesse Europe, personnage de la mythologie grecque qui a donné son nom au continent. En 2016, à l'occasion de l'impression de la nouvelle série de billets « Europe », le Conseil des gouverneurs a décidé d'arrêter l'émission du billet de 500 euros, même si les coupures en circulation conservent leur cours légal et peuvent continuer à être utilisées.

Brève histoire des billets

Le billet de banque, apparu en Europe au XVIIIe siècle après avoir été inventé en Chine au Xe siècle, a constitué une innovation financière majeure. Il permettait de payer d'importants montants en toute confiance sans avoir à transporter quantité de pièces en argent ou en or. Il était mis en circulation par une banque qui s'engageait à rembourser sur-le-champ son possesseur en pièces d'or ou d'argent. La généralisation de l'usage du billet dans la vie quotidienne et l'impression de petites coupures date de la Première Guerre mondiale.

Les premiers billets étaient imprimés sur du papier spécial avec un filigrane (dessin qui apparaît dans le papier par transparence), à l'origine à l'encre noire. Le nombre de couleurs a augmenté progressivement au début du XXe siècle. Si les premiers billets de la Banque de France n'étaient imprimés que sur une face, ils furent imprimés en recto verso avec une superposition parfaite à partir de 1831, ce qui constituait un obstacle supplémentaire contre les faussaires. Progressivement, de nouveaux signes de sécurité furent introduits, comme la bande réfléchissante et les encres à couleur variable.

Les billets du XIXe siècle reprennent surtout des thèmes mythologiques, ou des allégories liées au commerce, ou au monde de la finance. Avec la Première Guerre mondiale, des personnages de l'histoire de France apparaissent (Bayard, Sully...). À partir de 1953, des portraits ornent les billets (Pasteur, Delacroix...). Ils sont très masculins puisque, parmi les vingt-six grandes figures, seule Marie Curie orne un billet, au côté de son mari. Depuis sa création et jusqu'à la mise en circulation de l'euro, la Banque a mis à la disposition du public une centaine de billets différents et en a imaginé bien davantage.

Avec l'euro apparaissent des monuments abstraits, les membres fondateurs de la zone euro ayant échoué à s'entendre sur un nombre nécessairement réduit d'artistes, de grandes personnalités ou de monuments. La BCE a officiellement ouvert en 2021 un processus de sélection de nouveaux motifs. Des thèmes, dont « les fleuves » ou « la culture européenne », ont été soumis à consultation publique à l'été 2023 en vue d'un concours de *design* et d'un choix définitif en 2026. Il faudra ensuite deux à trois ans pour les voir en circulation, soit 2028 au plus tôt. Les billets sont des produits hautement technologiques, mais aussi écologiques : ils sont à présent produits à partir de chutes de coton de l'industrie textile. La durée de vie moyenne d'un billet est d'une dizaine d'années, mais peut varier fortement selon la coupure. Elle est ainsi d'environ six ans pour le billet de 10 euros.

2. **L'euro numérique, nouvel accès à la monnaie de la banque centrale.** – Constatant que les citoyens de la zone euro utilisaient de moins en moins les espèces dans leur vie quotidienne, l'Eurosystème réfléchit à l'opportunité d'émettre un euro dit « numérique », disponible sous forme dématérialisée. Cet outil serait différent de l'argent disponible grâce aux moyens de paiement privés, comme la carte bancaire, dans la mesure où il s'agirait bien d'un euro émis directement par l'Eurosystème et ne constituant pas une créance d'un établissement bancaire, même si ce dernier pourrait jouer un rôle d'intermédiaire dans la mise à disposition de cette nouvelle forme de monnaie (comme pour les espèces).

Le projet ne doit pas être confondu avec les actifs spéculatifs dénommés « crypto-actifs » dont le plus connu est le bitcoin. L'objectif ne serait pas que cette monnaie numérique « de détail » remplace les pièces et les billets, mais plutôt de proposer une monnaie numérique publique, émise et garantie par une banque centrale, permettant d'accompagner l'évolution des comportements en matière de paiement. Cet euro numérique pourrait ainsi préserver l'accessibilité et la facilité d'utilisation de la monnaie émise par l'Eurosystème.

Les réflexions de la Banque portent aussi sur l'émission d'une monnaie centrale dite « interbancaire », qui serait utilisée exclusivement par les banques centrales et les banques commerciales ou d'autres institutions financières, pour les transactions financières entre elles. Cette monnaie pourrait être créée au moyen d'une technologie de registre distribué, telle que la *blockchain*, pour effectuer les transactions financières de manière plus rapide, transparente et sûre, et à moindre coût.

3. **La surveillance des moyens de paiement.** – La Banque de France est chargée de veiller à la sécurité des moyens de paiement. En effet, les moyens de paiement scripturaux sont exposés à un certain nombre de risques de fraude, en constante évolution : vol, falsification ou attaque informatique. À ce titre, la Banque collabore avec l'ACPR pour autoriser et contrôler les prestataires de services de paiement. Elle préside également l'Observatoire de la sécurité des moyens de paiement, qui regroupe autorités, prestataires de services de paiement et utilisateurs. Enfin, elle veille à ce que les moyens de paiement soient accessibles au plus grand nombre, en vue, notamment, de l'inclusion financière des populations en situation de fragilité.

Les billets en euros font également l'objet d'un règlement européen visant à les protéger contre la contrefaçon. À ce titre, la Banque apporte son expertise dans la répression du faux monnayage. Elle surveille les professionnels du secteur privé habilités à procéder au recyclage des espèces, c'est-à-dire au tri qualitatif et à la remise en circulation des billets et des pièces valides.

Enfin, la Banque réalise aussi des études sur l'utilisation des moyens de paiement par les Français : en

2022, la moitié de leurs dépenses en volume étaient réalisées en espèces, contre 43 % en carte, et 6 % avec d'autres moyens de paiement (applications mobiles, chèques ou virements).

V. – La gestion des réserves de change

Les réserves de change de la France sont gérées par la Banque à travers les salles des marchés : elles sont constituées à la fois d'encaisses métalliques et de devises étrangères. La Banque se voit aussi confier la gestion déléguée d'une partie des réserves de change de la BCE. Le montant de ces réserves de change peut fluctuer dans le cadre de la mise en œuvre des interventions de change de l'Eurosystème.

Les réserves d'or s'élèvent à 2 436 tonnes, pour une valeur de 133,6 milliards d'euros à fin 2022, ce qui place la Banque au quatrième rang mondial des détenteurs d'or, derrière les banques centrales des États-Unis, d'Allemagne et d'Italie. Les dernières cessions d'or ont été réalisées entre 2005 et 2009 dans le cadre du second accord de Washington qui prévoyait une coordination des ventes d'or des banques centrales. L'or représente près de 70 % des réserves de change de la Banque de France, le reste étant constitué de devises étrangères. Ces devises étrangères sont composées à 73 % de dollar américain, de 12 % de droits de tirage spéciaux du FMI, de 5 % de dollar australien et de 10 % d'autres devises.

L'Eurosystème n'a pas pour objectif d'imposer un taux de change pour l'euro, mais il ne s'interdit pas pour autant des interventions ponctuelles sur le marché des changes, par exemple afin de répondre à des préoccupations de stabilité. Pour être efficaces, des interventions sur le marché des changes sont souvent concertées avec d'autres grandes banques centrales, comme en 2011, lors de la catastrophe de Fukushima, où il est apparu nécessaire de maintenir le cours du yen contre les attaques spéculatives.

« La Souterraine », le coffre-fort de la Banque de France

« La Souterraine », à sa création l'endroit le plus sécurisé du pays, assure la conservation des réserves de change (devises et or) de la France, mais aussi d'autres pays. Elle héberge également des documents parmi les plus précieux des Archives nationales. Située au centre de Paris, à 30 mètres de profondeur (soit l'équivalent de sept étages), elle s'étend sur une surface de plus d'un hectare. Avec ses 720 piliers, dont chacun supporte une charge de 420 tonnes, elle constitue une prouesse technique réalisée entre mai 1924 et novembre 1927.

Le célèbre écrivain autrichien Stefan Zweig, qui visita « la Souterraine » en 1932, fut impressionné par « cette démonstration du génie », au point d'en comparer les salles avec *La Divine Comédie* : « Si le paradis et l'enfer de Dante possédaient sept cercles, les caves de la Banque de France, elles, en ont peut-être davantage encore. »

CHAPITRE VI

La stabilité financière

La stabilité du système financier est un objectif subsidiaire de la Banque de France. Le système financier regroupe, entre autres, les établissements de crédit, les assurances, ainsi que les infrastructures de marché. Ce ne sont pas des entreprises comme les autres, car elles constituent un rouage essentiel pour les investissements et le bon financement de l'économie. L'objectif est d'éviter un dysfonctionnement du système financier dans son ensemble, conduisant à une dégradation de sa capacité à assurer sa fonction fondamentale de financement de l'économie.

I. – La surveillance globale du système financier

1. **Prêteur en dernier ressort.** – Théorisé dès le XIXe siècle, notamment par W. Bagehot en 1873, le rôle historique d'une banque centrale, en période de crise – qu'elle soit de liquidité ou de confiance –, consiste à agir en tant que « prêteur en dernier ressort » lorsqu'un établissement est en situation d'illiquidité, mais non d'insolvabilité, c'est-à-dire lorsqu'il est incapable de faire face à ses échéances de court terme alors même qu'il est viable à long terme. Les liquidités apportées par la banque centrale permettent généralement à l'établissement de poursuivre son activité et de restaurer la

confiance du système financier, ainsi que les échanges sur le marché interbancaire. En effet, si une banque est solvable mais ne peut faire face à ses créances de court terme, ses clients peuvent s'inquiéter, retirer leurs liquidités de l'établissement et déclencher une panique bancaire (*bank run*), conduisant à une faillite de la banque qui pourrait avoir des conséquences importantes sur l'ensemble de l'écosystème.

La Réserve fédérale américaine (FED) a ainsi été créée en 1913 dans ce premier objectif à la suite de la crise bancaire de 1907 durant laquelle un banquier privé, J.P. Morgan, joua le rôle de prêteur en dernier ressort.

À l'échelon européen, après la crise des *subprimes*, la BCE et les banques centrales nationales assument ce rôle conjointement, à travers la « fourniture de liquidités d'urgence » (*emergency liquidity assistance* – ELA) : la banque centrale prête à la banque commerciale des liquidités, en en supportant les coûts et risques potentiels. Toutefois, le Conseil des gouverneurs peut limiter, voire s'opposer à ces prêts à la majorité des deux tiers s'il considère que l'ELA interfère avec la politique monétaire.

En pratique, l'ELA n'octroie la liquidité que de manière temporaire et prend fin dès que la situation est revenue à la normale. Le mécanisme fonctionne comme un refinancement classique en échange de garanties (collatéral) qui peuvent être de moins bonne qualité, ce qui conduit à appliquer une décote (*haircut*) et un taux d'intérêt plus élevés. L'absence d'automaticité dans l'octroi de cette aide permet d'éviter l'aléa moral des banques à prendre davantage de risques en étant certaines d'être secourues.

2. **La mise en place de mesures macroprudentielles et de protection des dépôts.** – La Banque de France

assure, conjointement avec le Trésor, le secrétariat du HCSF, présidé par le ministre des Finances. Le gouverneur de la Banque de France est seul habilité à proposer la mise en place de mesures macroprudentielles. Par exemple, en 2021, les conditions d'octroi de crédit immobilier ont été encadrées, en plafonnant le taux d'effort des emprunteurs à 35 % de leurs revenus et la durée de prêt à 25 ans. Le HCSF décide aussi d'autres instruments prudentiels, notamment des « coussins » en capital bancaire, dépendants (coussin contracyclique) ou non (coussin pour le risque systémique sectoriel ou global) du cycle économique.

Au-delà des mesures destinées à limiter la prise de risque des banques, l'épargne des particuliers est garantie par la puissance publique, pour réduire le plus possible les conséquences d'une faillite sur les ménages, et éviter les mouvements de panique à l'égard des autres établissements. Ainsi, en plus de leur contribution au Fonds de résolution unique (FRU) européen, les banques doivent participer au Fonds de garantie des dépôts et de résolution (FGDR), créé en France en 1999. Ce fonds, dont les réserves s'élèvent à 3,5 milliards d'euros, indemnise les clients d'une banque à hauteur de 100 000 euros en cas de faillite d'un établissement.

II. – Un rayonnement international

1. **Une participation active à la coopération internationale.** – La Banque de France (parfois indirectement par l'ACPR) est représentée dans de nombreux groupes internationaux, dans lesquels elle contribue à l'élaboration des normes financières internationales. Ces institutions ont pour objectif commun de garantir la stabilité

financière, à travers la surveillance et la prévention du risque systémique, c'est-à-dire le risque qu'un événement particulier entraîne par réaction en chaîne des effets négatifs importants sur l'ensemble du système, pouvant occasionner une crise générale de son fonctionnement.

La Banque fournit une assistance technique à de nombreux pays, en particulier aux pays en développement. Elle offre des formations et des échanges d'expertise pour renforcer les capacités des banques centrales et des institutions financières de ces pays. Cette activité est menée par l'Institut bancaire et financier international, chargé de la coopération extérieure à la Banque.

La Banque assure également, pour le compte de l'État, des activités spécifiques avec quinze pays africains dans le cadre d'accords de coopération, qui constituent un mécanisme de solidarité unique au monde. Les partenaires africains de la France forment trois ensembles distincts : l'Union économique et monétaire ouest-africaine, la Communauté économique et monétaire de l'Afrique centrale et l'union des Comores. Chacun dispose d'une banque centrale et d'une monnaie propres, respectivement le franc de la Communauté financière africaine (franc CFA – XOF), le franc de la Coopération financière en Afrique centrale (franc CFA – XAF) et le franc comorien. La coopération entre la France et ses partenaires africains contribue à la stabilité financière de ces derniers. Elle repose sur deux principes fondamentaux : la fixité du change avec l'euro et la garantie de convertibilité inconditionnelle et illimitée offerte par le Trésor français, sous forme d'avance aux banques centrales, en cas d'épuisement des réserves de change.

La Banque de France participe aux travaux des différentes institutions listées ci-dessous :

Institution	Date de création	Siège	Périmètre	Missions
Haut conseil de stabilité financière (HCSF)	2013	Paris	France	Mesures macroprudentielles
Mécanisme de supervision unique (SSM)	2014	Francfort	Zone euro + Bulgarie et Croatie	Supervision du secteur bancaire
Mécanisme de résolution unique (SRM)	2014	Bruxelles	Zone euro + Bulgarie et Croatie	Supervision du secteur bancaire
Comité européen du risque systémique (ESRB)	2010	Francfort	UE	Prévention du risque systémique
Agence bancaire européenne (EBA)	2011	Paris	UE	Surveillance du secteur bancaire
Autorité européenne des assurances et des pensions professionnelles (EIOPA)	2011	Francfort	UE	Surveillance du secteur des assurances
Autorité européenne des marchés financiers (ESMA)	2011	Paris	UE	Surveillance des marchés financiers
Autorité européenne de lutte contre le blanchiment d'argent (AMLA)	2023-2024	À déterminer	UE	Lutte contre le blanchiment des capitaux et le financement du terrorisme

Institution	Date de création	Siège	Périmètre	Missions
Banque des règlements internationaux (BRI)	1930	Bâle	Monde	Coopération entre banques centrales et gestion des réserves de change
Comité de Bâle sur le contrôle bancaire (BCBS)	1974	Bâle	Monde	Supervision du secteur bancaire
G7/G20 – filières finance	1975-1999	Tournant	Monde	Coordination des politiques économiques et financières
Conseil de stabilité financière (FSB)	2009	Bâle	Monde	Coopération dans la supervision et la surveillance du système financier
Groupe d'action financière (FATF)	1989	Paris	Monde	Lutte contre le blanchiment des capitaux et le financement du terrorisme
Fonds monétaire international (FMI)	1944	Washington	Monde	Coopération monétaire internationale et développement du commerce international

Enfin, la participation active de la Banque à la coopération internationale se traduit par l'hébergement, conjointement avec la Bundesbank, du centre Eurosystème du Hub d'innovation de la BRI depuis 2022.

2. **L'anticipation des risques et la prise en compte du climat.** – Deux fois par an, la Banque publie une « Évaluation des risques du système financier », qui analyse les vulnérabilités du système financier français et ses facteurs de résilience. Ces risques, cycliques (comme la soutenabilité de la dette privée à la suite de la remontée des taux) ou structurels (comme le risque cyber ou le changement climatique), sont évalués à court et à long termes.

La Banque est une institution fortement engagée pour le climat. Le risque climatique se déploie à deux échelles :

– le risque physique : risque résultant des dommages directement causés par les phénomènes météorologiques et climatiques à travers des événements extrêmes ou des évolutions progressives ;
– le risque de transition : coût économique de la mise en place d'un modèle économique bas-carbone. Une sortie définitive des énergies fossiles pénaliserait par exemple certains secteurs économiques (industrie automobile, énergie) et les acteurs qui les financent (notamment les banques). Certaines analyses intègrent le risque juridique d'engagement de la responsabilité des acteurs et secteurs fortement émetteurs dans ce risque de transition.

Le changement climatique, qui peut engendrer des pressions inflationnistes et peser sur la croissance, fait donc naturellement partie du mandat de la Banque de France. Tout d'abord, au niveau international, la Banque de France a lancé en 2017, lors du *One Planet Summit*, le Réseau des banques centrales et des superviseurs pour le verdissement du système financier (*Network for greening the financial system* – NGFS), dont elle assure le secrétariat. Le NGFS se définit comme une « coalition des bonnes volontés », avec trois objectifs : partager les meilleures pratiques ; contribuer au développement de la gestion des risques liés au climat et à l'environnement dans le secteur financier ; mobiliser le secteur financier afin de soutenir la transition vers une économie durable.

À la fin juillet 2023, le NGFS comptait 147 membres et observateurs. Plusieurs travaux ont été publiés : un rapport (« Un appel à l'action »), un guide pour les superviseurs sur l'intégration des risques relatifs au climat, un autre guide sur la réalisation de scénarios climatiques, ou encore des recommandations pour améliorer la transparence des marchés en matière de finance verte et de transition énergétique.

De surcroît, la Banque a créé en 2019 un service dévolu à la finance durable : le centre sur le changement climatique. Ses missions consistent, en plus du secrétariat du NGFS, à coordonner les actions de la Banque et de l'ACPR pour prendre en compte les enjeux climatiques, notamment à travers le lancement de *stress tests* climatiques. La Banque met enfin en œuvre une démarche d'investissement responsable pour ses investissements propres, afin de les rendre compatibles avec un objectif de réchauffement limité à 1,5 °C.

III. – Le contrôle microprudentiel

1. **L'Autorité de contrôle prudentiel et de résolution.** – L'ACP est issue de la fusion entre la

Commission bancaire et l'Autorité de contrôle des assurances et des mutuelles (ACAM) par ordonnance du 21 janvier 2010. Elle se transforme en ACPR en 2013 lorsqu'elle obtient de nouveaux pouvoirs en matière de résolution bancaire. L'ACPR est adossée à la Banque de France, ce qui permet des synergies entre les services fusionnés et l'expertise économique et financière de la Banque. Cette organisation permet au demeurant un traitement optimal et coordonné des situations d'urgence, en institutionnalisant les échanges d'information entre la banque centrale et le superviseur.

Les missions de l'ACPR sont diversifiées : elle est chargée de veiller à la préservation de la stabilité financière, d'assurer la protection des clients et des assurés et de surveiller que sont bien respectées les règles de lutte contre le blanchiment des capitaux et le financement du terrorisme (LCB-FT). Elle est également dotée de pouvoirs en matière de prévention et de résolution des crises dans ces secteurs. Depuis la mise en place de l'Union bancaire européenne en 2014, l'ACPR exerce ses missions prudentielles bancaires dans le cadre du mécanisme de surveillance unique (*single surveillance mechanism* – SSM) et du mécanisme de résolution unique (*single resolution mecanism* – SRM). Elle comporte plusieurs instances de décision : le collège de supervision, le collège de résolution et la commission des sanctions.

L'ACPR supervise, en 2022, 666 établissements du secteur bancaire : 11 *significant institutions* relèvent du SSM et de la supervision directe de la BCE, à travers des équipes de surveillance conjointes (*joint supervisory teams* – JST) composées d'agents de la BCE, de l'ACPR et des autres autorités nationales sur le territoire dans lesquelles les banques ont des activités, mais aussi 103 *less significant institutions*, soumises à supervision indirecte de la BCE, ainsi que des sociétés de financement, des établissements de paiement ou des établissements de monnaie électronique. Au total, le secteur bancaire français représente 34 % du bilan de l'ensemble des banques de la zone euro.

Elle supervise également 664 entreprises d'assurances et mutuelles, soumises à la réglementation européenne Solvabilité II pour les établissements réalisant plus de 5,4 millions d'euros de chiffre d'affaires. Les assurances françaises ont une part de bilan de 35 % à l'échelle de la zone euro.

La supervision commence avant même la création d'une banque ou d'une assurance. En 2022, 285 décisions d'agrément ou d'autorisation ont été rendues par l'ACPR, dont 54 pour la création de nouvelles entités, notamment pour des établissements de paiement ou de monnaie électronique, ou de fonds de retraite professionnelle supplémentaire. Sont notamment vérifiées, lors de cette phase, l'honorabilité et la compétence des dirigeants. La vérification sera facilitée par la mise en place en 2024 d'une base de données regroupant les évaluations réalisées par les autorités des 27 pays de l'UE.

Le contrôle continu de ces entités s'effectue à deux niveaux.

Dans un premier temps, le contrôle permanent, dit « sur pièces », s'appuie sur l'analyse d'états prudentiels et comptables que les établissements sont tenus d'envoyer à l'ACPR concernant leurs ratios de fonds propres, leurs taux de créances douteuses… mais aussi sur des tests de résistance (*stress tests*), qui simulent des conditions économiques et financières extrêmes tout en restant plausibles.

Ensuite, le contrôle « sur place » donne lieu à des enquêtes approfondies portant soit sur un thème précis, soit sur une vérification générale de la situation de l'établissement. En 2022, 244 missions sur place ont été réalisées, dont 39 pour le compte du SSM. Les missions de contrôle concernent aussi les pratiques commerciales, par exemple sur le démarchage téléphonique ou sur la publicité relative à la finance durable, afin d'éviter les phénomènes de *greenwashing*. L'ACPR veille également au respect des obligations de lutte contre le blanchiment des capitaux et le financement du terrorisme (LCB-FT), pour l'ensemble des établissements français (relevant ou non du SSM) tant pour le respect du devoir de vigilance que pour la bonne mise en œuvre des mesures de gel des avoirs, particulièrement dans le contexte de la guerre en Ukraine.

En cas de non-respect de leurs obligations réglementaires, le collège de supervision peut décider d'ouvrir une procédure disciplinaire. Dans ce cas, la commission des sanctions désigne un rapporteur dont les fonctions se rapprochent de celles d'un juge d'instruction ; aucun membre du collège ne peut faire partie de la commission des sanctions, afin de garantir l'impartialité du jugement. Les sanctions peuvent être de nature pécuniaire ou consister en l'interdiction d'effectuer certaines opérations, voire un retrait partiel ou total de l'agrément.

Enfin, la résolution a pour mission de limiter l'effet des défaillances bancaires, notamment à la suite de la crise financière de 2008. L'objectif est de protéger les déposants jusqu'à 100 000 euros, et d'éviter le secours de l'argent public (*bail-out*). Pour cela, les établissements sont aujourd'hui tenus de préparer un plan préventif de résolution. Une fois l'entrée en résolution décidée, plusieurs instruments peuvent être utilisés : renflouement interne (contribution des actionnaires et créanciers), séparation des actifs de mauvaise qualité dans une nouvelle structure (*bad bank*) ou reprise des actifs de bonne qualité (*good bank*), ou encore transfert d'une partie des activités ou actifs à un autre acquéreur privé.

L'ACPR participe aussi aux travaux d'adaptation du cadre réglementaire, par exemple avec la revue de la directive Solvabilité II pour le secteur assurantiel, ou la transposition au niveau européen des accords de finalisation de Bâle III sur le secteur bancaire.

La lutte contre le blanchiment des capitaux et le financement du terrorisme

Le blanchiment des capitaux consiste en la dissimulation de la provenance d'argent acquis de manière illégale et en son insertion dans des activités légales. Ces fonds issus d'activités délictuelles (on parle aussi d'« argent sale ») viennent par exemple d'activités mafieuses, de trafics, de la fraude fiscale ou de la corruption. Le blanchiment représente des sommes importantes et a recours à des montages financiers complexes. Le terme « blanchiment » viendrait du fait que le gangster Al Capone aurait racheté des laveries automatiques pour recycler l'argent illégal, en déclarant un chiffre d'affaires fictif.

Le financement du terrorisme, quant à lui, consiste à fournir ou à réunir des fonds, des biens ou des services susceptibles d'être utilisés dans le but de faciliter ou de perpétrer des actes de terrorisme. Ces fonds peuvent être d'origine licite ou illicite, et sont utilisés à des fins criminelles. Il y a ici une dissimulation de la destination des fonds, qui peuvent être de faibles montants, et ne font pas forcément l'objet de montages complexes.

Ces activités représentent une menace pour l'économie puisque la corruption et la fraude fiscale constituent un obstacle au bon fonctionnement des États par le détournement des ressources qui pourraient être utiles afin d'assurer le financement d'infrastructures publiques. De plus, ces phénomènes peuvent avoir une répercussion sur la réputation de banques et de pays et ainsi affecter les investissements directs étrangers. Ils représentent enfin une menace pour la stabilité financière puisqu'ils contribuent à l'apparition et au développement de bulles spéculatives : les montants concernés sont estimés de 800 à 2 000 milliards de dollars, soit de 2 à 5 % du PIB mondial.

2. **La surveillance des infrastructures de marché.** – Les infrastructures de marché (systèmes de paiement, de règlement-livraison, dépositaires centraux de titres, chambres de compensation ou contreparties centrales) permettent aux flux financiers de circuler correctement entre les différents acteurs du système financier. La Banque veille à leur bon fonctionnement. Cette mission s'exerce d'une part sous la forme d'une surveillance directe pour les infrastructures systémiques localisées en France et d'autre part sous celle d'une surveillance coopérative pour plusieurs infrastructures actives à l'échelle européenne ou internationale et dont l'activité a des implications pour le système financier français.

Ainsi, la Banque exerce la surveillance directe : de la chambre de compensation LCH SA ; du dépositaire central de titres Euroclear France ; des systèmes de paiement CORE-FR et SEPA-EU. Elle coopère dans cet exercice avec les autres autorités françaises compétentes (notamment l'ACPR et l'AMF). Une surveillance menée en commun avec d'autres autorités européennes s'exerce sur des infrastructures plus importantes au niveau européen. La Banque participe à ce titre à des collèges de surveillants et contribue aux travaux des équipes de surveillance conjointes. Pour les infrastructures internationales, la surveillance repose sur des accords de coopération entre autorités. C'est par exemple le cas du système international de règlement des opérations en devises CLS, dont le surveillant principal est la FED. Enfin, la Banque participe à la surveillance coopérative de certains fournisseurs de services critiques, comme le service de messagerie financière SWIFT.

Au-delà de leur surveillance, la Banque a contribué à la construction des infrastructures européennes. Ainsi, elle a participé à la création de TARGET avec la Bundesbank et la Banca d'Italia, rejointes par la suite par le Banco de España. Il s'agit d'un système de paiement qui permet le règlement, en temps réel et en euros, des transactions domestiques ou transfrontières entre banques commerciales. Seuls les acteurs financiers ont accès à cette infrastructure, non les particuliers. Ce système traite des paiements de montants élevés (7 millions d'euros par paiement en moyenne), pour un total de 2 500 milliards échangés chaque jour, soit près de 25 % du PIB de l'UE. En mars 2023, le système de paiement TARGET a mis en commun son infrastructure technique avec la plateforme TARGET2-Securities, qui permet d'opérer le règlement-livraison de titres financiers, pour constituer ainsi une plateforme unique des Services TARGET. Un nouveau service unifié de gestion du collatéral (*European Collateral Management System*) viendra compléter cette plate-forme en 2024.

Le système de paiement instantané TIPS est un module de TARGET permettant un paiement entre banques, en moins de 10 secondes, et libellés en monnaie centrale. TIPS fonctionne en continu depuis 2018, et ses prochains développements visent à en faire une plate-forme multidevises, par exemple depuis mai 2022 avec la couronne suédoise. C'est grâce à des infrastructures de ce type que les banques peuvent mettre à disposition du public les virements instantanés.

La Banque participe aussi à la gestion du groupement d'intérêt économique Victoires Paiements, créé en 2012 à parts égales avec la Caisse des dépôts et consignations, permettant de mutualiser le traitement des opérations de paiement de masse (prélèvements et virements SEPA, chèques, etc.). Ce groupement d'intérêt économique assure l'échange des paiements de la Banque de France et de la Caisse avec l'ensemble des établissements bancaires français et européens au moyen des systèmes interbancaires, pour des volumes cumulés de 1,2 milliard d'opérations représentant près de 2 500 milliards d'euros.

IV. – Les défis de la régulation de nouveaux acteurs financiers

Depuis les années 1980, l'innovation financière s'est accélérée, voyant sans cesse l'apparition de nouveaux produits (*credit default swaps*, *leveraged buy-out*, titrisation, etc.) et nécessitant un durcissement de la réglementation financière, notamment à la suite de la crise de 2008. Aujourd'hui, de nouveaux acteurs et de nouvelles pratiques émergent, et leur contrôle entre dans le mandat de la Banque et de l'ACPR en tant que garants de la stabilité financière.

1. **Le *shadow banking*.** – L'intermédiation financière non bancaire (*non-bank financial intermediation* – NBFI) désigne la collecte de fonds et l'octroi de financements par des acteurs n'appartenant pas au système bancaire traditionnel, bien qu'ils réalisent des activités similaires. Elle est aussi appelée « finance parallèle » (*shadow banking*). Les interconnexions avec le système financier traditionnel font courir un risque systémique, notamment parce que les entités de NBFI peuvent bénéficier de financements venus

des banques, ou parce qu'elles rachètent des titres de court terme émis par celles-ci en participant ainsi à leur refinancement, et sont souvent contreparties des banques dans des opérations de marché. Les activités de la NBFI représentent aujourd'hui 48 % des actifs financiers mondiaux, et elles sont nettement moins réglementées que les activités réalisées par les banques. Le manque de transparence et les liens avec certains paradis fiscaux appellent à une plus forte vigilance de la part des autorités dans le cadre de la LCB-FT.

2. **Les fintechs et crypto-actifs.** – Les technologies du numérique présentent leurs propres vecteurs de risques (cybersécurité notamment) et sont entrées récemment dans la sphère financière. Il s'agit donc de nouveaux acteurs, qui n'ont pas d'expérience très établie dans les activités bancaires et financières, et cherchent à s'y implanter. Contraction des mots « finance » et « technologie », une « fintech » désigne une entreprise innovante proposant des services dans le secteur bancaire et financier, grâce à l'emploi intensif de technologies numériques, par exemple la *blockchain*. Leur champ d'action peut recouvrir l'ensemble des services d'une banque traditionnelle : paiement électronique, financement participatif, gestion d'actifs, transferts transfrontaliers, crédit en ligne…

L'une des innovations structurelles majeures dans ce domaine est l'apparition des *blockchains* et des crypto-actifs. Un crypto-actif est une représentation numérique d'une valeur ou d'un droit pouvant être transférée et stockée de manière électronique, au moyen d'une *blockchain* (registre numérique décentralisé d'information). Il ne doit pas être confondu avec une monnaie, car il n'en remplit pas les trois fonctions traditionnelles (instrument d'échange, réserve de valeur et unité de compte). Ces actifs sont spéculatifs, car leur valeur est très fluctuante, reposant uniquement sur le mécanisme de l'offre et la demande. Ainsi, la valorisation des crypto-actifs a chuté de plus de 60 % depuis 2021, passant de 2 933 milliards d'euros à 1 180 milliards en juin 2023. De plus, créés par des acteurs privés, ils ne sont pas garantis par la puissance publique et n'ont pas cours légal. Sous-catégorie en la matière, les *stablecoins* lient leurs cours à un actif de référence qui peut être une monnaie, un panier de monnaies ou un autre type d'actifs comme l'or, afin de limiter les fluctuations. En outre, l'anonymat offert par les crypto-actifs entraîne des risques en matière de LCB-FT.

Pour prendre en compte ces évolutions et encadrer les activités de ces nouveaux acteurs selon le modèle du « même activité, mêmes risques, mêmes règles », l'ACPR a ouvert en 2016 un pôle « Fintech-Innovation » pour orienter les porteurs de projets innovants dans la régulation financière. Lorsqu'elles n'exercent pas d'activité de collecte de dépôt ou d'octroi de crédit, activités qui nécessitent un statut de banque, plusieurs statuts spécifiques permettent à ces entreprises d'exercer : prestataire de services de paiement, prestataire de services de financement participatif, intermédiaire en financement participatif ou, depuis la loi PACTE de 2019, prestataire de services sur actifs numériques (PSAN). Le règlement MiCA, au niveau européen, introduit le statut de *crypto-asset service provider* (CASP) qui s'inspire fortement du statut de PSAN et le remplacera avec un cadre réglementaire strict permettant d'assurer la protection du public.

CHAPITRE VII

Les services à l'économie et à la société

En 2023, le réseau de la Banque est organisé autour de 13 directions régionales. Il compte 95 succursales départementales et 10 antennes économiques. Vingt succursales et 3 centres spécialisés assurent la gestion de la circulation fiduciaire.

I. – Les services à l'État et aux autres clients institutionnels

1. **La gestion du compte du Trésor public.** – La Banque assure, en temps réel, la gestion des 2 615 comptes d'opérations du Trésor. Son système informatique permet de gérer la trésorerie de ce dernier ainsi que ses 909 millions d'opérations par an (aides de l'État, flux vers les collectivités locales ou les établissements publics, paie des agents publics…). Le solde de chaque compte est viré sur un compte unique à la fin de la journée : le compte courant du Trésor. Ce dernier doit toujours être créditeur, afin de respecter l'interdiction faite à la banque centrale « d'accorder des découverts ou tout autre type de crédit » à l'État, prévue par l'article 123 TFUE (voir *supra*, p. 75).

2. **La participation à la gestion de la dette de l'État et de la dette européenne.** – Depuis l'abandon du « circuit

du Trésor » dans les années 1960, la Banque de France ne finance plus l'État, mais elle organise les émissions de titres de dette publique de l'État français par le biais de son système d'adjudication MAITRE. Son rôle consiste à assurer le bon déroulement des séances hebdomadaires d'émission par adjudication qui permettent à l'État de se financer. Les adjudications réunissent 15 spécialistes en valeurs du Trésor (SVT), des banques chargées de placer la dette sur le marché primaire et d'animer le marché secondaire. La Banque recueille les soumissions présentées par les SVT pour une séance d'adjudication, puis transmet les ordres à l'Agence France Trésor : on sert les SVT en commençant par ceux qui ont proposé les taux les plus bas (adjudications « à la hollandaise »). En 2022, le montant des émissions s'est élevé à 585 milliards d'euros.

Grâce à son système d'enchères automatisé et son expertise, la Banque a été choisie par la Commission européenne en 2021 pour assurer la gestion des adjudications de titres de dette européens, dans le cadre du plan de relance *Next Generation EU*. En 2022, 85 milliards d'euros ont été levés sur les marchés lors de 32 séances d'enchères automatisées.

3. **Les services aux autres clients institutionnels.** Au-delà de ses missions d'intérêt général, la Banque peut fournir des prestations rémunérées pour des tiers. C'est dans ce contexte que les actions de la Banque se rapprochent le plus de celles d'un établissement de crédit classique : chèques, prélèvements, virements, cartes bancaires, règlement des opérations titres, calculs d'intérêts, gestion de trésorerie… Le périmètre de la clientèle de la Banque est limité par le Code monétaire et financier. Il comprend notamment :

- le Trésor public ;
- la Caisse des dépôts et consignations ;

– des collectivités locales ;
– des entreprises dont le capital est détenu en partie par l'État (SNCF...) ;
– des organismes de la sphère sociale (ACOSS...) ;
– des banques centrales étrangères, ainsi que la plupart des organismes internationaux.

Les salles de marché de Paris, New York et Singapour participent à plusieurs opérations pour la clientèle institutionnelle internationale, notamment les activités de change (au comptant et à terme, en devises et en or), la cotation et l'adossement de dépôts à terme, ou encore l'achat-vente de titres.

La Banque participe aux réunions mensuelles du Club de Paris dites « Tour d'horizon » et en prépare les accords en contribuant au recensement des créances des pays débiteurs déjà restructurées et en procédant aux réconciliations nécessaires, voire à la réalisation de simulations des futurs accords. Elle assure la gestion comptable au travers des différentes opérations (ouverture de comptes de consolidation, restructuration sur les comptes par refinancement ou par rééchelonnement, production des avis d'échéances liées au remboursement en capital et en intérêts...).

4. **La production statistique.** – Pour remplir ses missions de politique monétaire, la Banque produit des statistiques publiques. C'est en particulier le cas des statistiques monétaires et financières et des statistiques sur les systèmes de paiement. D'autres statistiques sont établies pour mener à bien des missions d'intérêt général telles que le suivi du financement des entreprises et le traitement du surendettement.

(A) *Les statistiques monétaires et financières.* La Banque élabore des statistiques qui permettent de suivre le financement de l'économie : les agrégats monétaires et leurs contreparties, l'épargne, les placements financiers et les dettes des différents agents économiques, notamment ménages et entreprises.

Dans ce cadre, elle collecte, traite et publie des données relatives à la distribution et aux taux des crédits accordés par les institutions financières aux agents économiques : crédits immobiliers et crédits à la consommation pour les ménages (données qui servent également pour le calcul des taux de l'usure), crédits d'équipement ou de trésorerie pour les entreprises.

Chargée d'effectuer semestriellement le calcul du taux de la rémunération des livrets d'épargne réglementée (livret A, livret de développement durable et solidaire, livret d'épargne populaire), la Banque publie un rapport annuel qui regroupe de nombreuses statistiques permettant d'illustrer les évolutions de ces différents produits de placement. Ce rapport détaille aussi les programmes réalisés grâce à cette épargne, notamment ceux qui sont destinés à financer le logement social, la politique de la ville, la transition énergétique ou la réduction de l'empreinte climatique, les TPE-PME et l'économie sociale et solidaire.

(B) *La balance des paiements.* La Banque est chargée de l'établissement de la balance des paiements et de la position extérieure de la France depuis 1959 et de la suppression de l'Office des changes, qui dépendait du ministère des Finances. La balance des paiements mesure les transactions entre les résidents et les non-résidents, c'est-à-dire entre les acteurs économiques (entreprises, ménages, administrations publiques) qui exercent leur activité sur le territoire national et ceux qui exercent leur activité à l'étranger. Elle présente les transactions courantes (biens et services, transferts de revenus) et les transactions financières (investissements directs, de portefeuille, avoirs de réserves...). La position extérieure nette représente le patrimoine ou l'endettement net des résidents à l'égard du reste du monde. Lorsque la position extérieure est négative, cela signifie que les résidents ont reçu davantage de capitaux de l'étranger (sous forme d'endettement ou d'investissement en capital principalement) qu'ils n'y ont investi.

Ces statistiques ont répondu à plusieurs enjeux au fil du temps. Au lendemain de la Seconde Guerre mondiale, pour reconstruire le pays, l'État avait un besoin important de devises qui ne pouvaient s'obtenir qu'avec une balance des paiements positive. Une crise de la balance des paiements en 1956-1957 contraignit la France à faire appel à des créanciers étrangers, notamment américains. Avec la fin de la convertibilité du dollar en or, l'objectif de contrôle des changes devint moins central, et c'est l'approfondissement de la construction européenne qui a conféré un rôle nouveau aux statistiques. Le cadre européen permet l'harmonisation des pratiques entre les États membres, afin d'éviter les écarts de mesure et de mieux renforcer l'efficacité des politiques de l'UE. La balance des paiements devient aussi un indicateur de la compétitivité d'un pays.

(C) *Les prévisions.* L'une des missions centrales de la Banque est d'analyser la situation économique, monétaire et financière de la France, de la zone euro et du reste du monde, à partir de statistiques produites en interne. Elle s'appuie également sur des enquêtes mensuelles réalisées auprès de 10 000 dirigeants d'entreprise des secteurs de l'industrie, du bâtiment ou des services, interrogés par l'intermédiaire du réseau de succursales.

Toutes ces données permettent à la Banque d'établir et de publier mensuellement un diagnostic tiré de ces enquêtes sur l'activité, les tendances observées, ainsi que sur les anticipations des chefs d'entreprise sur l'inflation.

La Banque réalise enfin des projections macroéconomiques à un horizon de trois ans, en utilisant le modèle FR-BDF à plusieurs centaines d'équations (comportement des entreprises, des ménages, fixation des prix ou des salaires...). Quatre exercices de projection sont réalisés chaque année, et donnent lieu à des publications qui détaillent notamment les projections d'inflation, de croissance ou d'emploi.

II. – Les services aux entreprises

1. **La cotation Banque de France.** – La cotation Banque de France est une référence commune et reconnue, gratuite pour les entreprises. Elle donne une appréciation sur la capacité d'une entreprise à honorer ses engagements financiers à un horizon de 1 à 3 ans. Il s'agit d'une activité historique de la Banque, déjà utilisée pour l'escompte dès 1804. Aujourd'hui, l'ensemble des entreprises réalisant un chiffre d'affaires de plus de 750 000 euros sont cotées par les services de la Banque (environ 300 000 entreprises à fin 2022), notamment à travers la réalisation de 40 000 entretiens chaque année.

La cotation a évolué en 2022, s'harmonisant avec les standards européens pour parvenir à une échelle de 22 niveaux allant de 1+ (situation excellente) à 8 (fortement compromise). Une lettre est associée au chiffre d'affaires (par exemple A pour les entreprises dont le CA est supérieur à 750 millions d'euros). L'analyse est fondée sur des ratios financiers (solvabilité, liquidité, capacité bénéficiaire) ainsi que sur des éléments qualitatifs. Ainsi, les comportements de paiement sont dorénavant pris en compte pour les grandes entreprises.

En complément, la Banque de France développe un « indicateur climat », traduisant le positionnement d'une entreprise dans sa trajectoire de décarbonation et pouvant contribuer à un meilleur diagnostic du risque financier.

2. **Les outils d'analyse financière.** – La présence de la Banque sur l'ensemble du territoire lui permet de recueillir bon nombre de données économiques que l'institution peut ensuite mobiliser pour soutenir l'activité des acteurs publics et privés.

D'une part, la Banque propose aux responsables économiques des collectivités locales et des fédérations professionnelles le service ACSEL, qui analyse la situation économique et financière d'une zone géographique, d'une filière d'activité déterminée ou d'un ensemble d'entreprises. L'étude s'appuie sur des données exclusives de la Banque, et repose sur l'analyse de nombreux ratios, indicateurs et agrégats. Elle peut de la sorte répondre à une problématique généraliste ou à une thématique précise (investissements, sous-traitance, exportations…).

D'autre part, l'offre OPALE propose un diagnostic financier gratuit, destiné aux chefs d'entreprise produisant une liasse fiscale complète. Ce diagnostic financier a pour vocation d'aider les chefs d'entreprise à identifier leurs points forts et de vigilance, notamment en comparaison du reste du secteur d'activité. OPALE est aussi un outil d'aide à la décision, grâce à son module de simulation permettant d'élaborer des plans de gestion des entreprises à deux ans en indiquant des hypothèses de développement.

3. **L'accompagnement des entreprises.** – Depuis 2016, la Banque de France a institué 102 correspondants TPE-PME, présents dans chaque département en métropole et en outre-mer, afin d'accompagner les entrepreneurs durant toutes les étapes de la vie de leur

entreprise. Ces experts écoutent les entrepreneurs, réalisent un diagnostic de leur situation et les orientent vers des interlocuteurs bien identifiés pour répondre à leurs interrogations. Entre 2016 et 2022, 38 000 entreprises ont été accompagnées dans le cadre de ce dispositif.

En outre, dans plusieurs villes ayant un écosystème *start-up* développé, des « correspondants » ont un rôle d'accompagnement et de cotation de ces entreprises au modèle de croissance spécifique.

4. **La médiation du crédit.** – La médiation du crédit a été créée en 2008, à la suite de la crise financière, pour aider les entreprises à faire face à leurs besoins de trésorerie dans leurs relations avec les banques. Depuis l'origine, la responsabilité de la médiation est assurée par le réseau de succursales de la Banque, ce qui a permis de conférer à la médiation une image d'indépendance et de neutralité.

Depuis sa création jusqu'à la fin de 2022, la médiation est intervenue auprès de plus de 63 000 entreprises, dont 14 000 en 2020 lors du déclenchement de la crise sanitaire, pour un total de 530 000 emplois sauvegardés.

III. – La protection des ménages et l'inclusion financière

1. **Les dispositifs d'inclusion financière.** – La Banque, institution de service public, œuvre pour l'inclusion financière de l'ensemble des citoyens.

D'une part, elle gère le dispositif de droit au compte pour les particuliers ainsi que pour les personnes morales (sociétés, associations…) qui sont dépourvus de compte bancaire et ne parviennent pas à en ouvrir un.

D'autre part, la Banque assure le droit d'accès du public aux fichiers d'incidents de paiement des particuliers qu'elle gère dans un objectif de prévention des difficultés :

- FCC pour les chèques émis sans provision ;
- FICP en cas de retard pour un remboursement ;
- FNCI pour identifier les chèques irréguliers.

Elle assure aussi le service « infobanque » dont le rôle consiste à répondre aux questions que le public peut se poser sur la réglementation bancaire (comptes, frais bancaires, moyens de paiement, microcrédit…). Elle propose le même service pour les questions d'assurance.

L'ensemble de ces services publics, y compris l'information sur le traitement du surendettement, est accessible à travers son dispositif d'accueil multicanal : accueil physique, téléphone et site internet.

Enfin, la Banque a un rôle moteur en matière d'inclusion financière : l'Observatoire de l'inclusion bancaire, créé en 2013, réunit, sous la présidence du gouverneur, les associations, les banques et les pouvoirs publics, et a pour mission de suivre les pratiques des établissements de crédit en matière d'inclusion bancaire, dont le contrôle est par ailleurs assuré par l'ACPR. La Banque a institué des conseils départementaux de l'inclusion financière, pour mieux faire connaître les dispositifs accessibles dans les territoires. Le correspondant « Inclusion financière » est dans chaque département le point de contact des intervenants sociaux. En lien avec l'État, la Banque soutient les points conseil budget, accompagnant toute personne rencontrant des difficultés budgétaires pour mieux prévenir le surendettement.

2. **Le surendettement.** – La Banque assure le secrétariat des commissions départementales de surendettement. Ce dispositif gratuit consiste en des mesures protectrices pour le bénéficiaire lorsque son

dossier est jugé recevable. Le dispositif concerne aussi les entrepreneurs individuels depuis 2022.

La commission réalise une évaluation du budget de la personne surendettée, en prenant en compte ses dépenses ainsi que ses ressources. Elle peut ensuite imposer des mesures pour rendre soutenable la dette : rééchelonnement, réduction du taux d'intérêt, voire effacement partiel de créances. Le nombre de dossiers déposés est en nette baisse depuis 2014, ayant été divisé par deux pour atteindre 113 000 en 2022.

3. **L'éducation financière.** – Selon une enquête menée en 2021, 69 % des Français estiment avoir une connaissance moyenne ou faible relativement aux questions financières, et 80 % pensent que la gestion budgétaire devrait être enseignée à l'école.

Dans ce contexte, la Banque a été choisie, en 2016, comme opérateur de la stratégie nationale d'éducation économique, budgétaire et financière (EDUCFI), avec 29 partenaires, afin d'apporter un éclairage sur la gestion d'un budget, des outils bancaires ainsi qu'une meilleure compréhension des notions économiques.

À cet égard, le passeport EDUCFI, remis aux élèves de quatrième à l'issue d'une formation et d'un contrôle des connaissances, concernera en 2023 quelque 300 000 élèves – soit la moitié de cette classe d'âge puis 100 % en 2024. Les agents de la Banque ont aussi pu animer des ateliers EDUCFI auprès de 36 000 volontaires du service national universel.

Des ressources pédagogiques sont mises à la disposition de nombreux publics : le portail « Mes questions d'argent » répond aux interrogations qu'un particulier peut se poser à tous les moments de sa vie (assurance, épargne, retraite, arnaques…) ; « Mes questions d'entrepreneur » a le même objectif, mais à destination des dirigeants d'entreprise. Plus généraux, les « ABC de l'économie » permettent de découvrir les sujets d'économie monétaire et financière. Enfin, « Assurance banque épargne info service », en lien avec l'ACPR et l'AMF, informe les particuliers sur les produits ou services bancaires, les assurances ou les placements financiers, et aide à se protéger contre les arnaques ou les pratiques commerciales non autorisées, ainsi qu'à recueillir les réclamations des clients.

Sur une note plus légère, la Banque de France a créé des dispositifs ludo-pédagogiques pour attirer l'attention sur les sujets budgétaires et financiers : « Sur la piste de Matthieu », un *escape game* sous forme d'enquête policière ; « Scènes d'argent », qui propose l'apprentissage du pilotage budgétaire à des moments clés de la vie (entrée en études, premier emploi, achat immobilier...).

Citéco et l'hôtel Gaillard

Situé au cœur du 17e arrondissement de Paris, l'hôtel Gaillard abrite désormais la Cité de l'économie (Citéco), premier musée européen consacré à l'économie. Véritable chef-d'œuvre de l'architecture néo-Renaissance, celui-ci s'inspire des châteaux de Blois – plus particulièrement de son aile Louis XII – et de Gien, et a été construit entre 1878 et 1884. Le grand bal d'inauguration du 10 avril 1885 a réuni plus de 2 000 convives.

L'hôtel a été racheté en 1919 par la Banque pour devenir la succursale de Paris-Malesherbes, restée en service jusqu'en 2006. Après plusieurs années de travaux, le musée a ouvert ses portes en 2019, et vise à accueillir 150 000 visiteurs par an. Sa muséographie est destinée à tous les publics, et permet d'en apprendre davantage sur la monnaie et de se familiariser avec les mécanismes économiques généraux.

Conclusion

Fondée il y a plus de deux siècles pour et par le pouvoir politique, la Banque de France a su tout au long de son histoire mener à bien ses missions et gagner son indépendance. Pour preuve : l'enquête Eurobaromètre réalisée au début de l'année 2023 indique que 78 % des personnes interrogées dans la zone euro (71 % en France) ont confiance en l'euro.

La Banque s'inscrit toutefois dans un environnement toujours plus complexe et en constante évolution. Le retour de l'inflation, le développement des crypto-actifs ou l'urgence climatique constituent autant de défis à relever pour l'institution.

Institution publique d'intérêt général, la Banque de France est une entreprise engagée sur le plan social et environnemental. Ainsi, elle a réduit de 23,6 % ses émissions de gaz à effet de serre depuis 2019, et a pour objectif de court terme (2025) d'aligner ses portefeuilles de titres financiers gérés en propre (notamment les actifs de sa caisse de retraite et ses fonds propres) sur une trajectoire compatible avec un réchauffement maximal de 1,5 °C décidé lors des Accords de Paris, et en intégrant les critères environnementaux, sociaux et de gouvernance (ESG) dans sa gestion d'actifs. Le projet « Refondation » de modernisation de l'imprimerie de billets permettra, d'ici à 2028, de réduire de 50 % les émissions de CO_2 de la Banque.

Pour réaliser ces différents objectifs, la Banque met en œuvre des plans stratégiques pluriannuels. Ce faisant, elle définit le cap de son action pour les quatre prochaines années. Après « Ambitions 2020 », le plan « Construire ensemble 2024 » fixe 31 actions d'ici 2024, ainsi qu'une stratégie autour des « 4 A » : ancrer (les anticipations), anticiper (l'innovation), accompagner (les particuliers et les entreprises) et attirer (les talents).

BIBLIOGRAPHIE

Baldeschi L., Cohen J., Drut B., *Comment les années Draghi ont changé la Banque centrale européenne*, Paris, Bréal, 2019.

Barfety J.-B., Dalbard J., Iberrakene T., Ouizille A., *Politiques économiques*, Paris, LGDJ, 2021, 3e éd.

Bénassy-Quéré A., Cœuré B., Jacquet P., Pisani-Ferry J., *Politique économique*, Paris, De Boeck, 2021, 5e éd.

Camus J.-C., *La Fabrication des billets à Chamalières et à Vic-le-Comte. Cent ans d'histoire industrielle*, Paris, Flammarion, 2021.

Cavaterra E., *La Banque de France et la Commune de Paris (1871)*, Paris, L'Harmattan, 1998.

Chélini M.-P., *Histoire du franc au XXe siècle*, Paris, Picard, 2001.

Gaston-Breton T., *Banque de France. Deux siècles d'histoire*, Paris, Le Cherche Midi, 1999.

Lehman A., *Monnaies, culture et actualité monétaires*, Paris, Dunod, 2021.

Monnet E., *Controlling Credit : Central Banking and the Planned Economy in Postwar France (1948-1973)*, Cambridge, Cambridge University Press, 2018.

Olszack N., *Histoire des banques centrales*, Paris, Puf, « Que sais-je ? », 1998.

Redon M., Besnard D., *La Banque de France*, Paris, Puf, « Que sais-je ? », 1996.

Reichlin L., *La Banque centrale européenne et la crise de l'euro*, Paris, Collège de France / Fayard, 2019.

REMERCIEMENTS

Les auteurs tiennent à remercier l'ensemble des services de la Banque de France pour leurs réponses, leurs conseils et leur relecture critique de l'ouvrage. Ils expriment une pensée particulière à leur hiérarchie – Claude Piot, Fabrice Hermel, Christophe Arnaud, Andreja Fajgelj et Aurélie Sougnac – ainsi qu'à M. le Gouverneur, François Villeroy de Galhau, pour la confiance et l'enthousiasme qu'ils ont su maintenir tout au long de la réalisation de ce beau projet.

TABLE DES MATIÈRES

Composition et mise en pages
Nord Compo à Villeneuve-d'Ascq

Imprimé en France
par la Nouvelle Imprimerie Laballery
rue Louis Blériot 58500 Clamecy
novembre 2023 - N° 309087

La Nouvelle Imprimerie Laballery est titulaire de la marque Imprim'Vert®